快速 准确 安全
让微笑一路运达

快递｜快运｜供应链｜国际｜冷链｜科技

超级商家智能客服重磅升级
助力网点降本30%

处理效率
出港客服效率提高80%

处理进度
自动登记台账
进度可实时查看

处理工具
打破单平台局限
实现多平台互通

STO 申通快递

微信公众号:申通之声

抖音:申通快递

武汉洲际物流有限公司

公司成立于2001年，是一家主营仓库租赁、仓储物流、公路运输及供应链管理服务，物流业务范围逐步向全球辐射的大型、专业化现代物流企业。

公司在武汉经济技术开发区芳草二路拥有50000平方米的现代化物流园区——武汉洲际物流园区。

20多年来，公司通过全体同人的不懈努力、创新发展构建现代物流体系，提高供应链效率。公司竭诚向各界企业提供优质的仓储物流服务，使"洲际物流"这一品牌在物流界美誉日彰！

慧仓科技
HC ROBOTICS

储存区

缓存区

入库区

穿云箭储存/拣选

摩天轮储存/拣选

对接输送线

对接输送线

闪电播分拣

分拣区

打包发货区

对接输送线

出库区

高速立体智慧仓储开拓者

慧仓摩天轮

最高可达
出入库效率 **1000** 箱/小时

慧仓迷你库

最快可达
部署时间 **2** 小时

慧仓闪电播

最高可达
分拣效率 **1800** 件/小时

慧仓穿云箭

柔性化
轻松实现 **3～24** 米高度密集存储

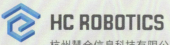
HC ROBOTICS

杭州慧仓信息科技有限公司

浙江省杭州市滨江区滨康路101号海威大厦7号楼裙楼三层

www.hcrobots.com

咨询热线 **400-099-2588**

传真：（0571)8610-0693

邮箱：business@hcrobots.com

更多信息
关注慧仓科技
官方公众号

智能仓储 匠心慧制

高效可靠的物料分拣解决方案
满足您不同的分拣需求

特诺为零售、鞋服、快递、电商等行业提供一系列针对性的分拣解决方案。

全新落袋式分拣机加入英特诺分拣产品组合，为零售、鞋服、快递等行业相关流程提供分拣解决方案（比如为"最后一公里"的轻型货物独立分拣）。

英特诺高性能交叉带分拣机（HPCS）具有高度灵活性，能够实现对不同形状、不同体积的包裹在高峰时段的高流量分拣。

全新落袋式分拣机、高性能交叉带分拣机加上久经验证的垂直和水平交叉带分拣机，构成了英特诺完整的分拣解决方案组合。

英特诺分拣机产品在全球有400多个成功应用案例，可以满足不同的物料处理需求。

获取更多信息
关注英特诺微信公众号
interroll.com

GLOBAL MANUFACTURER FOCUSING ON AUTOMATION EQUIPMENT

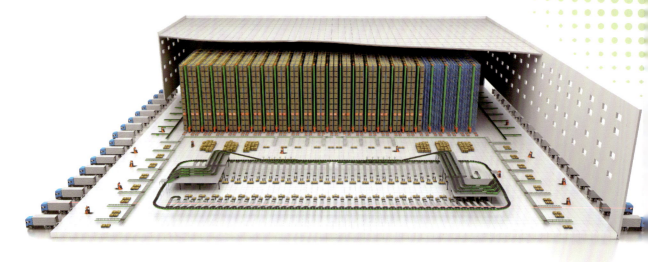

汽车/锂电/化工

农业科技/生鲜冷链/仓储码垛

快递/医药/商超

专注于自动化科技装备的全球化制造商

01 窄带分拣系统　　**02** 交叉带分拣系统　　**03** 包装分拣码垛　　**04** 垂直输送系统　　**05** 法兰式螺旋滑槽

企业简介

锋馥集团创立于1984年,是一家在全球设有5大制造基地、6大海外战略合作商,覆盖20多个国家和地区,专注于自动化科技装备的全球化制造商。锋馥集团董事长刘承翰创办锋馥品牌以来,始终秉承"匠心、创新、人本"的品牌理念,推动其进入全球化发展的快车道。

扫一扫,关注锋馥

联系电话
0550-3075885　021-57457899

官方网站
www.houngfuh.com

全球 五大制造基地
中国台湾/上海/滁州、马来西亚

中国服装物流发展报告（2022）

中国物流与采购联合会服装物流分会

北京交通大学交通运输学院

中国财富出版社有限公司

图书在版编目（CIP）数据

中国服装物流发展报告.2022 / 中国物流与采购联合会服装物流分会，北京交通大学交通运输学院编.—北京：中国财富出版社有限公司，2023.7

ISBN 978-7-5047-7965-6

Ⅰ.①中… Ⅱ.①中…②北… Ⅲ.①服装工业—物流—产业发展—研究报告—中国—2022 Ⅳ.① F426.86

中国国家版本馆 CIP 数据核字（2023）第 121302 号

策划编辑	郑欣怡	**责任编辑**	庞冰心	**版权编辑**	李 洋
责任印制	尚立业	**责任校对**	杨小静	**责任发行**	敬 东

出版发行	中国财富出版社有限公司			
社　　址	北京市丰台区南四环西路 188 号 5 区 20 楼		**邮政编码**	100070
电　　话	010-52227588 转 2098（发行部）		010-52227588 转 321（总编室）	
	010-52227566（24 小时读者服务）		010-52227588 转 305（质检部）	
网　　址	http://www.cfpress.com.cn		**排　　版**	宝蕾元
经　　销	新华书店		**印　　刷**	宝蕾元仁浩（天津）印刷有限公司
书　　号	ISBN 978-7-5047-7965-6/F・3556			
开　　本	787mm×1092mm　1/16		**版　　次**	2023 年 7 月第 1 版
印　　张	10.5　**彩　页** 0.5		**印　　次**	2023 年 7 月第 1 次印刷
字　　数	228 千字		**定　　价**	218.00 元

《中国服装物流发展报告（2022）》
编写人员

主　编：左新宇　张晓东

副主编：施　伟　王　沛

成　员：申常庆　胡晶艳　赵曼煜　梁力元　房宇轩

　　　　吕晨菲　陆　铮　王羽凡　魏　然

序　言

　　近年来，我国进入新发展阶段，经济稳中有进，经济结构持续优化，经受了世界变局加快演变、新冠肺炎疫情冲击、国内经济下行等多重考验，如期打赢脱贫攻坚战，如期全面建成小康社会，实现第一个百年奋斗目标，开启了全面建设社会主义现代化国家新征程，经济增长内生动力进一步增强，特别是新发展格局可以有效缓解人民日益增长的美好生活需要和不平衡不充分的发展之间的矛盾，传统消费升级步伐加快，新型消费培育速度提高，依托强大国内市场，给产业发展注入新动力，个性化、差异化、品质化消费需求快速提升。

　　"衣食住行"自古就是人们对美好生活向往的基本追求。随着生活水平的日益提高，其中"衣"更是从人们的基础消费发展到展现个人魅力、体现时代获得感和幸福感的重要载体。由此形成的服装业既是创造美好时尚生活的基础性消费品产业和民生产业，也是体现技术进步、社会文化发展和时代变迁的典型产业，在提高人民生活质量、促进社会文化进步、提高民族文化自信等方面发挥着重要作用。改革开放以来，特别是近十多年来，我国服装产业围绕"科技、时尚、绿色"新定位，坚持"科技""品牌""可持续"和"人才"四位一体的创新发展之路，从规模发展向质量发展加速转变，从小到大、从弱到强，基本奠定了世界服装制造强国的地位。

　　现代物流一头连着生产，一头连着消费，是延伸产业链、提升价值链、打造供应链的重要支撑，在构建现代流通体系、促进形成强大国内市场、推动高质量发展、建设现代化经济体系中发挥着先导性、基础性、战略性作用。由于服装行业具备小批量、高频次、季节性等特点，需要对市场变化作出快速反应，其物流服务水平将直接影响消费者的体验。随着移动互联网、大数据、云计算、物联网等新技术在物流领域的广泛应用，云仓、新零售、直播带货等新模式、新业态不断涌现，服装物流加速向数字化、智能化、绿色化发展，对服装生产销售的支撑作用进一步增强。

　　《中国服装物流发展报告》旨在总结国内外服装行业发展状况，梳理我国服装物流行业发展现状，展现服装物流发展特色，体现服装物流领域新模式、新业态发展变化。在充分听取典型企业、行业组织和专家学者建议的基础上，借鉴中国物流与采购联合会服装物流分会的行业实践和近年全国服装物流与供应链行业年会相关发展资料，编写组编写了《中国服装物流发展报告（2022）》（以下简称《报告》）。《报告》力求覆盖服装物流各主要方面，既包括包装、仓储、配送等典型物流环节，也包括电商、退换货、供应链、鞋类物流和国际物流等特色物流环节。

《报告》由左新宇、张晓东任主编，施伟、王沛任副主编。由左新宇提出总体逻辑框架，张晓东负责确定《报告》的具体层次结构，制定章节大纲，施伟、王沛负责确定各章节内部逻辑与要点。《报告》由中国物流与采购联合会服装物流分会和北京交通大学交通运输学院的相关人员参与编写。其中，第一章由左新宇、张晓东、梁力元编写；第二章由左新宇、王沛、陆铮编写；第三章由张晓东、梁力元编写；第四章由左新宇、施伟、魏然、胡晶艳编写；第五章由张晓东、施伟、房宇轩、申常庆、胡晶艳编写；第六章由施伟、王沛、吕晨菲、申常庆编写；第七章由张晓东、吕晨菲、赵曼煜编写；第八章由左新宇、施伟、王沛、陆铮、申常庆编写；第九章由左新宇、施伟、王羽凡、胡晶艳编写；第十章由张晓东、梁力元、施伟、王沛编写；第十一章由施伟、王沛、赵曼煜、梁力元编写；第十二章由左新宇、张晓东、胡晶艳、王羽凡编写。

《报告》在撰写过程中得到了中国物流与采购联合会服装物流分会许多会员企业及专家学者的大力支持，获得了宝贵的资料。在此，我们对在《报告》撰写过程中提供帮助的各企业及专家学者表示衷心的感谢。

服装物流行业发展迅速，加之编者时间和能力有限，《报告》中难免存在疏忽和不妥之处，敬请读者不吝赐教，以便在今后的报告中不断改进和完善。

编　者

2023年4月

目　录

第一章　我国服装行业发展情况

服装业是创造美好时尚生活的基础性消费品产业和民生产业，也是体现技术进步、社会文化发展和时代变迁的创新型产业，在提高人民生活质量、发展国家经济、促进社会文化进步等方面发挥着重要作用。

第一节　我国服装行业发展概述

我国服装行业经历了漫长而波折的发展历程。早期，我国服装生产以国外企业代工为主，随着国内品牌日渐崛起，国内服装行业也在快速发展。近年来，随着消费方式的不断变化和消费结构的不断升级，电子商务逐渐成为服装行业发展主流，越来越多的服装企业向着线上线下相融合的方向发展。

一、代工为主，国外品牌占据市场

20世纪八九十年代，随着改革开放的逐渐开展，中国服装市场在供给侧的低成本与需求大市场的属性逐渐显露，外企纷纷进入中国，"三来一补"（来料加工、来样加工、来件装配和补偿贸易）模式开启，显示着国内服装行业正式进入代工模式。1979年，意大利服装设计师皮尔·卡丹在北京民族文化宫开办了新中国历史上的第一场时装秀。此后，其同名品牌顺势进入中国市场，20世纪90年代初期，皮尔·卡丹品牌在中国的市场份额一度高达40%。1984年，美国品牌耐克赞助中国代表团服装参加洛杉矶奥运会，随后连续多年赞助中国男子篮球职业联赛（CBA）、中国足球协会超级联赛、中国田径队等国内顶级运动赛事及国家队，致使其在中国运动鞋服市场的份额逐年上升。

同一时段，中国国内品牌借势发展。晋江市成为服装企业开启的主要集聚区，安踏、森马、特步等企业相继成立并发展起来。随后，更多沿海地带的服装企业涌现出来，如雅戈尔、利郎、七匹狼、报喜鸟等。1994年，随着我国纺织工业的战略调整和生产力的不断解放，我国成为世界纺织服装第一大出口国，但因国内品牌产品与国外品牌产品售价差距极大，国外品牌仍牢牢占据国内服装市场的主要份额。

当时，服装专业市场是我国纺织服装行业重要的流通渠道，连接着中小微生产企业、经销商、消费者，是商品集散中心和信息流转通道，其四通八达的庞大网络覆盖能力，拉动了服装企业的快速发展，广州白马、广州红棉、杭州四季青、上海七浦路、东莞虎门富民等一批服装专业市场应运而生。

二、国内品牌崛起，门店快速扩张

20世纪90年代末期，以代工起家的国内品牌完成了资本的原始积累，开始发力争取国内市场，提高品牌知名度。1999年，安踏签下孔令辉作为形象代言人并花费300万元用于在央视投放广告来打响品牌知名度，随后森马、以纯等品牌纷纷跟进。美特斯·邦威通过先后与花儿乐队、郭富城、周杰伦合作，广泛宣传并建立销售网点，实现了一线城市100%、二线城市66%、三线城市33%的网点覆盖率。其他品牌同样开始了门店的快速扩张，2010年，森马店面增加到4007家，安踏、利郎、特步、匹克等品牌宣称实现门店突破7000家。国内服装品牌门店发展进入巅峰时刻，但随着服装电商的快速发展，服装门店逐渐衰落。

三、电商崛起，线上线下融合发展

由于前期线下销售渠道的快速扩张，一些服装企业无法承受由于店铺数量急剧增加所带来的成本上涨压力，再加上高库存、租金节节攀升等因素，服装界的关店旋风由此刮起。2010年前后，服装电商逐渐从起步走向蓬勃发展阶段。一方面，如韩都衣舍、七格格、茵曼等淘宝上自创的女装品牌逐渐走进市场，服装行业获取了全新的线上渠道；另一方面，线下传统大品牌开始转战天猫，市场竞争愈加激烈。而近年来，随着新零售、网络直播、社交媒体等快速发展，服装企业不再只关注于单一渠道，而是采取全渠道发展，实现线上线下相融合的发展趋势。如四季青服装集团有限公司开发了相关App，通过使用大数据技术，可以与全国各地的服装批发商对接，从而实现新批发、新零售、新网供、新特卖。

第二节　我国服装行业发展现状及特点

近年来，面对外部错综复杂的发展环境，我国服装行业克服重重困难，服装生产有所下降、内销市场逐渐回升、企业效益持续承压、投资保持较快增长，服装出口有所恢复，服装行业总体呈现稳步恢复态势，展现出强大的韧性。

一、服装行业发展现状

（一）服装生产增速放缓

近年来，受疫情暴发的影响，我国服装产量在2020年出现大幅下降；在此之后，我国服装行业克服错综复杂的外部发展环境，逐步恢复生产；2022年，受疫情多点散发、国内外市场需求不足、订单加速外流、部分地区高温限电等因素影响，我国服装生产有所下降。2022年，我国服装行业规模以上企业完成服装产量232.42亿件，同比下降1.27%，如图1-1所示。2022年，服装行业规模以上企业工业增加值同比下降1.9%，增速比2021年同期下滑10.4个百分点，7月以来各月服装行业规模以上企业工业增加值降幅持续加深，12月当月同比下降11.4%。

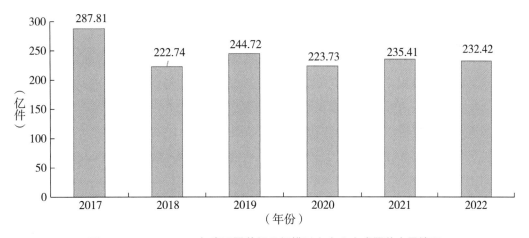

图1-1　2017—2022年我国服装行业规模以上企业完成服装产量情况

资料来源：中国服装协会。

（二）内销市场回升向好

随着更加精准有效的疫情防控政策的实施、促进消费政策的持续发力以及网络购物节的不断开展等因素的带动，我国服装消费潜力进一步释放。2020年以来，我国服装内销市场虽然受疫情影响有明显下滑的现象，但仍呈现回升向好的态势。2017—2022年我国限额以上单位服装类商品零售额情况如图1-2所示。2022年，我国限额以上单位服装类商品零售额累计9222.6亿元，同比下降7.54%，较2020年有所恢复。线上服装零售保持稳定增长，实体门店销售大幅下降。根据中华全国商业信息中心的统计数据，2022年1—12月穿类商品网上零售额同比增长3.5%，增速比1—11月加快0.1个百分点，比2021年同期放缓4.8个百分点。全国重点大型零售企业服装零售额和零售量同比分别下降14.79%和18.61%。

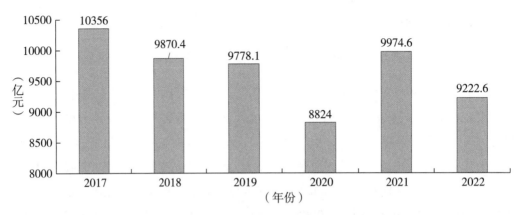

图1-2　2017—2022年我国限额以上单位服装类商品零售额情况

资料来源：中国服装协会。

（三）企业效益持续承压

2020年以来，受疫情扰动、需求不足、原材料价格高位波动等因素的影响，我国服装市场面临库存积压、促销竞争加大、现金紧张、供应链压力加剧等多方面的生存难题。虽然当前国内外市场需求复苏向好，但服装行业仍处于恢复阶段。2017—2022年我国服装行业规模以上企业营业收入情况如图1-3所示。2022年，我国服装行业规模以上（年主营业务收入2000万元及以上）企业13219家，实现营业收入14538.89亿元，同比下降1.92%。

服装行业运营成本居高不下，企业盈利难以提升。2022年，服装行业规模以上企业亏损面达19.37%，比2021年同期扩大2.52个百分点，亏损企业亏损额同比增长12.46%；产成品周转率、应收账款周转率和总资产周转率同比分别下降4.87%、4.50%和3.62%。

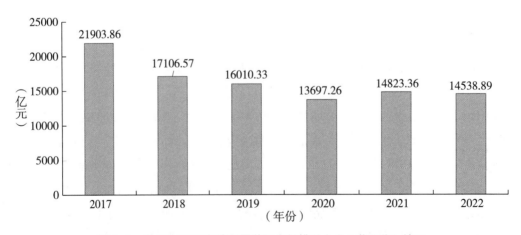

图1-3　2017—2022年我国服装行业规模以上企业营业收入情况

资料来源：中国服装协会。

（四）投资保持较快增长

随着国家"稳投资"相关政策显效，我国服装行业固定资产投资恢复正增长。2017—2022年我国服装行业固定资产投资完成额增长情况如图1-4所示。2022年，我国服装行业固定资产投资完成额同比增长25.3%，高于纺织业和制造业整体水平20.6个和16.2个百分点。

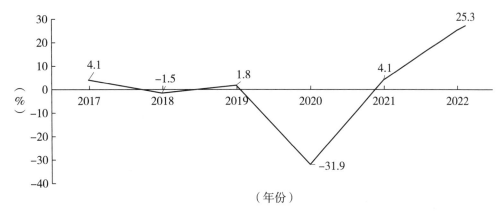

图1-4　2017—2022年我国服装行业固定资产投资完成额增长情况

资料来源：中国服装协会。

二、服装行业发展特点

服装行业发展具有集群化发展、流行周期短且具有季节性、对企业的市场快速反应能力要求高和品牌意义高于服装基础功能等特点。

（一）服装行业呈现集群化发展

我国服装行业发展的集群化分布明显，多集中在华东、华南地区，其次是华北、华中地区。从服装代表性企业分布情况来看，又以浙江、广东、上海、福建、山东、江苏、北京等地居多。

（二）流行周期短且具有季节性

得益于我国经济的发展以及人均可支配收入的增加，服装时尚属性变得越发明显，尤其是女装，其流行周期较短，需要服装企业紧跟或超前于时尚潮流对产品进行更新。同时，受季节与地理位置影响，服装市场需求呈现季节性波动。

（三）对企业的市场快速反应能力要求高

随着生活水平的提高，人们对服装的要求也不断提高，对服装产品开发和展示的及时性要求越来越高，这就需要服装企业快速把握市场需求的变化，缩短从服装设计、制作到最后销售的时间，实现快速生产和交付，提高对市场的快速反应能力。

（四）品牌意义高于服装基础功能

当前社会，品牌是影响服装价值的重要因素，从审美意义延伸的文化价值和从象征意义延伸的社会价值，使不同品牌服装的价格差异巨大，消费者购买服装看重的品牌意义已经远远超过了遮盖身体和御寒的基本功能。

第三节　我国服装行业发展趋势

随着相关科学技术的发展，我国服装行业实现了与数字技术的进一步融合。与此同时，消费需求个性化、多元化发展，原创设计凸显特色，自主品牌向主流发展，服装行业向智慧化、绿色化发展。

一、与数字技术深度融合

物联网、大数据、人工智能、区块链、虚拟现实等新一代信息技术与产业融合的速度逐渐加快，将驱动服装行业在设计、生产、流通、销售等多个环节向着数字化、智能化、网络化方向发展。以服装行业优势龙头企业数字化转型为引领，越来越多的服装企业将智能工厂、智能车间建设列为发展目标，大范围推广智能设计、大规模个性化定制、共享制造、自动化仓储、共同配送等新模式。在技术变革和产业变革的新发展阶段，服装行业将进一步加快5G、工业互联网、大数据中心等新型基础设施建设，深入推进数字化技术与服装行业多环节的融合应用，为服装行业开启新的细分赛道。

二、消费需求个性化、多元化发展

目前，充满个性的"90后""Z世代"已经逐渐上升为消费群体的中坚力量，国际大品牌已经不再是消费者们的首选，精神层面和品牌文化反而成为重要的影响因素，消费者在消费时更容易受到国潮文化、IP、明星、意见领袖、社会现象、环保理念等影响，特别是年轻人更加注重个性化和时尚化，他们更希望能与品牌建立共鸣和情感连接，通过产品来表达自己的生活方式。以国潮服饰为例，艾媒咨询《2020—2021年中国国潮经济发展专题研究报告》的数据显示，中国汉服爱好者数量和市场规模近年来快速增长，2020年汉服爱好者数量已达500多万人，汉服市场销售规模已达60多亿元，从本质上体现了我国消费者对国家精神以及中国文化认同感和归属感的提升。

三、原创设计凸显特色，自主品牌成为主流

近年来，我国服装产业以"增品种、提品质、创品牌"为抓手快速发展，国内服装行业已经从过去的简单模仿逐步过渡到如今主张原创设计、凸显中国特色的自主创新阶段，文化承载与运用能力明显提升。随着服装市场个性化、时尚化趋势加速，特别是我国消费者的文化自信不断增强，我国自主品牌的市场认知度与国际影响力不断提升，品牌价值开始向世界服装产业价值链的高附加值领域渗透，成为引领行业创新发展和转型升级的关键性力量。在国内服装市场，自主品牌已成为主流，自主品牌在国内主要大型商业实体服装品牌中占到85%左右。

四、现代智慧供应链建设加快

随着信息技术的发展，服装行业将进一步完善从研发设计、原材料采购、生产制造到售后服务的全链条供应链体系，推动精益管理、感知技术、智能交互、智能工厂、智慧物流等数字技术和智能装备在供应链关键节点的应用，促进全链条与互联网、物联网深度融合，提高供应链信息实时共享能力和敏捷制造能力。鼓励企业向供应链上、下游拓展协同研发、仓储物流、技术培训、解决方案、金融信贷等服务性项目，推动产业制造供应链向协同化、服务化、智能化供应链转型升级。

五、"双碳"目标推动服装可持续发展

当前，"碳达峰、碳中和"、可持续发展已经成为全球产业的广泛共识和国际竞合的重大议题。根据能源与气候智库（ECIU）统计，截至2021年10月，全球已有132个国家及地区提出"碳中和"目标。"十四五"时期，"碳达峰、碳中和"也将是服装行业新的竞争点和重要关注点。为了更好适应消费市场的变化、推动产品全生命周期的绿色转型，服装行业将积极强化服装绿色制造，加快绿色工厂和绿色园区建设，积极发展绿色产品和绿色供应链，把绿色技术深度融入从原材料、能源、制造到循环回收等产业价值链的各个环节，深入推进企业社会责任和产品全生命周期的绿色管理，加速构建绿色材料、绿色工艺、绿色生产、循环发展的全产业链绿色制造体系；倡导极简包装和二手交易，大力推动废旧制品回收利用渠道建设，探索开展"互联网+"服装回收利用行动。

第二章 国际服装行业发展情况

在充满挑战的全球市场中，服装行业面临一个不断创新的国际化环境，对国际服装行业发展经验的学习和借鉴就显得至关重要，本章将对具有服装行业特色的欧洲、美国和日本等地区供应链、配送、仓储等方面的相关技术展开概述。

第一节 欧洲服装行业发展情况

服装行业最初起源于欧洲的法国。19世纪80年代，服装行业开始萌芽，逐步形成了以服装定制为主要商业模式的行业链，并在欧洲范围内广泛传播。这也致使法国巴黎逐渐成为服装行业的中心，奠定了其服装发源地和服装中心的地位。在此之后，经过多年的不断发展，欧洲具有代表性的意大利、法国和英国等国的服装设计体系已趋近完善，并在全世界一直处于领先的位置。

一、意大利服装行业情况

（一）意大利服装发展情况

意大利有着非常深厚的时尚底蕴，并把时装当作文化来推销。从20世纪50年代起，意大利时装就开始引领时尚，其时装业从加工基地到潮流源头的转变，只用了三四十年的时间。经过几十年的飞速发展，意大利服装凭借其优良品质、精细作工和不断创新，成了现代时尚的典范。米兰作为意大利的时尚之都，以高级成衣和皮革制品为特色，适应消费者的需求，开展了更加商业化的模式。目前，意大利时尚品牌正在向海外，尤其是中国、美国和韩国这些未被充分挖掘、仍有很大市场潜力的国家发起强力的零售攻势。

（二）意大利服装行业现状

出口额方面，2022年前5个月意大利服装出口增长显著，同比增长21.9%。按出口市场来看，意大利时装对美国的出口量排名第一，增长为59.7%，对韩国的出口量以

34.1%的增幅位居第二。在欧盟内部，意大利时装对西班牙出口增长31.5%，对法国出口增长25.1%，对德国出口增长20.2%。受疫情管控影响，意大利时装对中国市场的出口增长放缓，内地市场增长8.5%，香港市场下滑3.2%。

（三）意大利奢侈品行业情况

奢侈品又称非生活必需品，是指在国际中被定位为一种超出居民生存与发展需要范围的，具有独特、稀缺、珍奇等特点的消费品，主要包括高档服装等多个产品类型。近年来，随着全球经济的持续快速发展、居民消费水平的逐渐提升，人们对奢侈品的购买欲望也随之增强，进而促使全球奢侈品行业的迅速发展。意大利奢侈品品牌较多、知名度较高，并在国际市场上占据较大的市场份额，被誉为"奢侈品王国"。其主要奢侈品品牌包括乔治·阿玛尼（Giorgio Armani）、杜嘉班纳（Dolce & Gabbana）、古驰（Gucci）、芬迪（Fendi）等。

二、法国服装行业情况

（一）法国服装行业发展

法国的时尚行业涉及服装、皮具等方方面面，基本涵盖了人们穿衣打扮和身体护理的所有相关行业。法国服装行业主要集中在巴黎地区，产品拥有良好的销售渠道，包括专卖店、连锁店、百货公司、多品牌销售店、电子商务等。据统计，法国时尚产业的就业人口有16万多人，创造的价值占法国制造业的5%；有1500多家、占全法国8%的公司涉及时尚与奢侈品领域；每年有近四成的时尚产品被出口到国外。

（二）疫情对法国服装市场的影响

受疫情影响，专家预测法国服装业市场规模将缩减近1/5，三年内难以恢复到疫情以前的水平。与此同时，法国服装市场还面临客流量骤减、消费者购买欲下降等诸多挑战。

1.客流量骤减

据法国工商会的调查可知，41%的巴黎商家认为防疫措施是造成客流量减少的原因。受疫情影响，法国服装线下门店无法正常开展营业活动，试衣间的使用也受到限制，导致客流量骤减。法国时装研究所的统计数据显示，2022年，法国服饰品销量在5月和6月分别下降了16%和18.9%。尽管在7月商家开展了各种打折活动，但商业中心的客流量还是减少了16%。

2. 消费者购买欲下降

目前，法国服装消费者的购买欲较之前大幅度下降。购买欲下降一方面是因为消费者在疫情期间购买新衣服的需求下降，另一方面是因为疫情导致了消费者失业率升高。

（三）法国高级定制现状

1. 法国高级定制概况

法国是高级定制的故乡，高级定制时装作为法国国粹，有着悠久的发展历史，从沃斯在巴黎开办第一家服装工作室开始，法国高级定制时装凭借其精细的服装设计和精良的制作工艺在历史舞台上不断发光发热。经过100多年的发展，法国的高级定制时装产业已经达到巅峰时代，目前已拥有良好的产业基础与完整的体系，衍生出一批优秀的高级定制时装品牌，还产生了同时发展高级定制时装与副线产品以扩大消费群体等独特的经营发展方式。

2. 法国高级定制生产过程

高级定制时装是高级设计师运用精湛的手工制作工艺开发的服装系列，区别于普通的服装生产，它的生产标准更高、加工工序更严苛、制作更精细。法国高级定制时装以顾客为中心，由设计师为每一位顾客量取精确的个人尺寸，然后根据顾客的特征和要求，扬长避短，设计出符合其体型、个性、气质的时装。通常，设计师在确定设计初稿后，会将其交与工坊，之后针对最终想要呈现出来的时装样式进行详细、周密的讨论，接着工坊会根据讨论结果选择合适的布料，以布料来诠释设计稿。高级设计师通过创意工作室与不同工坊之间的合作，呈现出顾客理想中的高级定制时装。

3. 高级定制服装销售策略

（1）坚持高端的品牌调性。

高级定制时装基于其本身的产品定位，在营销上也要符合其高级、珍贵的品牌调性。高级定制时装第一种常用的营销策略为时装秀，高级定制时装的秀场一般定在时尚文化和设计产业发达的城市，如法国的巴黎、意大利的米兰、英国的伦敦、美国的纽约、日本的东京、中国的上海等。通过时装秀，品牌主办方可以展示自己的产品优势，扩大自己的品牌知名度，达到增加产品销量和销售额的最终目的。第二种常用的营销策略为广告宣传，高级定制时装品牌对广告投放的媒体有着严格的控制，必须是一些与品牌的目标消费群体密切相关的媒体，如高档专业杂志、高档会所杂志等，高端的品牌与时尚杂志可以相互成就，前者可以为后者的权威与档次增添砝码，后者可以为前者吸引更多高端消费者。

（2）注重大众化和本土化。

为了更好地针对和吸引目标消费者，拓展海外市场，高级定制时装品牌采取了诸多举措，如除了在知名时尚杂志上进行推广，还在许多大众杂志和报纸上投放广告。此外，高级定制时装对不同地区的营销策略也在因地制宜地进行调整与创新，根据不同的地方特色使营销策略更加本土化，同时依旧努力保持着高级的一面。

三、英国服装行业情况

（一）英国服装行业优势

时尚服装业是英国第二大产业，每年能够给英国带来400亿英镑的收入，英国服装行业的优势主要包括以下几点。

1. 创造力丰富

英国的服装设计师乐于从都市文化和其他艺术形式如音乐中汲取灵感，塑造了大批有血有肉的品牌形象，并令其作品在世界时尚界脱颖而出。同时，设计师也极其尊重并善加利用经典的文化遗产，创造出了"英伦风"这类新旧结合的设计潮流。

2. 教育体系一流

在服装设计方面，英国高等教育体系始终保持着国际性的竞争优势。设计专业的留学生倾向于赴英深造，自1996年以来，英国设计专业学生中留学生的比例始终高于5%。

3. 较强的创新精神

创新精神一方面体现在设计师与零售商相互配合，零售商利用市场调研、供应链管理和品牌营销等商业技巧扩大销售市场，并为设计师提供市场信息，而设计师通过市场需求、客户反响等创造出新的设计；另一方面体现在时尚公关企业通过创新辅助设计师和零售商壮大品牌。

（二）英国时装电商市场情况

在过去的10年里，英国的线上时装市场一直保持稳步增长。在这10年中，消费者完成了从不愿在没有触碰到实物、没有试穿的情况下消费，到享受网购带来的便利和折扣的心态上的转变。电商平台为促进这一消费趋势的转变，相继推出产品次日送达、免费退换货等激励措施，抚平了消费者对于试错成本的顾虑。快时尚的兴起更是在这一趋势中发挥了关键作用，开价、快速迭代、五花八门的SKU（Stock Keeping Unit，最小存货单位）叠加网购带来的便利性，让消费者趋之若鹜。

2021年，英国鞋类、服装和配饰3个品类的电商市场销售额为540亿美元，预计2025年将达到830亿美元，服装为总销售额贡献的占比将达到70%左右。但数据统计机构Statista预计，今后服装销售的增速将低于配饰、鞋类。

英国61%线上消费时尚产品的消费者年龄在45岁以下，其中绝大部分年龄在18～34岁，男女比例为45%～55%，在时尚消费者中，高、中、低收入阶层各占1/3，时尚品类的纷繁多样使各个消费层级的需求都能得到满足。

（三）英国服装市场现状

2020年受疫情影响，各行业都遭受重创。根据英国国家统计局（ONS）数据显示，英国服装业受到很大影响。尽管消费者对睡衣和休闲服等服装的需求增加，但对外出服装的需求却急剧下降，需求的低迷使英国纺织服装鞋类零售额在2020年创下有史以来最大的年度跌幅。

2022年全年，英国纺织服装鞋类零售额累计524.8亿英镑，同比增长24.1%，较2019年同期增长4.8%。12月当月，纺织服装鞋类零售额达54.3亿英镑，环比增长26.4%，同比增长20.3%，较2019年同期增长14.2%。

从进口情况来看，2022年1—11月，英国服装进口239.1亿美元，同比增长14.6%。自中国进口64.2亿美元，同比大涨35.5%；占比26.9%，同比增加4.2个百分点。自孟加拉国、土耳其、印度和越南进口同比分别增长48.9%、30.7%、32.2%和131.1%，占比分别增加4个、1.1个、0.8个和2.3个百分点。

第二节　美国服装行业发展情况

美国有着悠久的服装行业发展历史，无论是在服装市场的发展，还是在供应链的采购分销方面，都对我国服装行业的发展有借鉴意义。

一、美国服装行业发展背景及现状

（一）美国服装行业发展背景

2022年1—11月，得益于消费者支出，美国服装进口价值同比增长18.96%，为1234.63亿美元。然而，由于经济低迷，美国消费者购物需求有所下降，因此美国服装进口增长速度放缓。美国消费者信心指数在2022年6月跌至54.8，为新冠肺炎疫情以来的最低水平。这一结果表明，美国消费者越发担心家庭财务前景，并会抑制服装方面的支出。

北美服装市场订单增长十分迅速，高于历史同期水平。越来越多的服装企业开始努力寻求一个新的销售渠道，力求能满足现在乃至未来的订单激增需求。企业希望调整其现有的分销系统，并在采购与配送等环节选择最佳的解决方案。

（二）疫情对美国服装市场的影响

新冠肺炎疫情的持续蔓延给美国经济造成了前所未有的压力。为稳定经济发展，美国政府采取了各种应对措施以及多轮的经济刺激计划，在货币政策和财政政策的共同作用下，2020年年底，美国零售市场全年销售总额与2019年相比微增0.6%，与疫情前基本持平，市场基本保持稳定。

疫情前，服装作为非必需品在美国个人消费支出的占比常年保持在2%～2.5%。疫情发生后，美国消费者对服装服饰类产品的消费更加谨慎，美国经济分析局公布的数据显示，2020年美国个人消费支出中服装类产品占比降至1.99%，近十年来首次跌破2%。

进入2021年，在疫情防控政策松绑、财政补贴刺激、消费信心反弹等多重影响下，美国零售总额逐月上升并稳定在较高水平，消费者对服装服饰类产品的"报复性"消费也开始初显端倪。2021年3月，经济刺激法案生效，美国服装类产品销售额恢复到250亿美元，同比增长115.4%，与疫情前的2019年同期相比增长12%；2021年4月，同比猛增764.6%，同期增长10.8%。此后，美国服装服饰（含鞋类）产品的零售额一路高奏凯歌，高位增长一直维持到年底。2021年全年，美国服装服饰（含鞋类）产品销售额超过3031亿美元，同比增长48.8%，较2019年增长12.9%，纺织品服装消费基本步入正常发展轨道。

二、美国服装采购现状

（一）采购成本正不断上涨

截至2022年6月，美国服装进口价格指数达到103.9，同比上涨3.1%，为2019年以来最高。美国国际贸易委员会数据显示，2022年上半年，200多种服装商品中近70%商品的价格比一年前有所上涨，其中近40%的服装价格涨幅超过10%。

根据美国时装业协会发布的《2022年时装行业基准研究》，100%的受访者预计其采购成本将在2022年上涨，其中近40%的受访者预计纺织原材料、物流和劳动力，以及与贸易法规相关的一系列成本将比一年前大幅增加。

（二）继续展开多元化采购

赫芬达尔—赫希曼指数是衡量市场集中度的常用指标，美国服装行业的赫芬达尔—赫希曼指数从2021年的0.11下降到2022年的0.105，表明美国服装进口来源国变得更加多样化。美国前三大服装供应国（中国、越南和孟加拉国）的总市场份额在2022年上半年跌至50%以下，为2018年以来的最低水平。

亚洲地区仍然是美国服装企业的主要采购来源地。2022年，约73.5%的美国服装进口自亚洲国家。中国、越南、孟加拉国、印度尼西亚和印度五国的市场份额，从2021年的60.6%上升到2022年的61.1%。

（三）不断演变的中国采购战略

美国的服装企业不再将中国视为廉价且低端的产品采购基地，而是越来越多地从中国采购高端的服装产品。2022年上半年，美国服装企业在中国采购的棉质服装下滑至13.2%，低于一年前的14.4%，远低于2017年近30%的比例。今后，美国企业对于中国的采购决策将更多地考虑非价格因素，部分美国服装企业将中国视为具有增长潜力的销售市场，有意向发展供应链本地化（即产于中国，售于中国）的新型市场趋势。

三、北美服装分销渠道

（一）北美服装分销渠道现状

目前，北美地区越来越多的服装零售商开始采用多分销渠道进行销售与配货，60%以上的服装零售商都提供至少两个分销渠道。

北美服装企业相关调研数据显示，82%的服装企业以零售店作为主要分销渠道，56%的服装企业以开放网络平台作为另一分销渠道，约47%的服装企业通过折扣市场的合作进行批发分销，还有25%的服装企业仍在采用直接向潜在消费者投送产品名录或发送信件这种传统的分销模式。

但由于分销渠道过多，很多服装企业都面临一系列的问题：如产能的不断升高和库存管理效率的低下会在很大程度上遏制多分销渠道模式的订单处理流程；人工成本的上涨、运输费用的增加和订单处理速度要求的提高导致订单履行成本不断上升。

（二）北美服装分销模式

1.零售渠道

从2014年开始，北美服装市场在零售业务方面增速明显，造成了分销渠道的数量不断增长和订单率不断增加。随着劳动力、运输能力和增值服务相关的成本限制，绝大多数北美服装企业选择零售店作为主要分销渠道。

2. 批发渠道

目前，批发渠道存在着一系列的问题：电子信息管理技术水平的限制，导致仓储方面缺乏自动化仓储技术支撑；重复跳跃的订单筛选极大地消耗了额外的人工和运输成本。

3. 电商渠道

自2010年开始，电子商务在全球快速发展，带来了服装行业电商渠道的快速增长。随着电商渠道的不断增加，以及网络订单拣选和快速配送要求的进一步提高，订单复杂化和数据爆炸等问题逐渐显现，延迟交货以及订单错误等现象严重影响了客户满意度。为解决上述问题，以及节省不断增加的人工和运输成本，北美服装企业将进一步加大对于物流系统的投资。

（三）北美配送模式分析

根据美国SDI公司公布的调研报告，在线提交订单并由配送中心直接发货或在零售店内购买并直接提货这两种模式是北美目前的主流配送模式。在线提交订单与商品直送模式也将成为未来服装企业的主流配送模式之一。

第三节　日本服装行业发展情况

日本服装行业拥有优衣库等世界闻名的企业，在从中国进口的货物中，以纺织品为主要货物品类。了解日本服装行业发展特点、物流及供应链技术应用对发展我国的服装市场有一定的帮助。

一、日本本土服装行业发展特点

（一）日本服装本土制造减少

日本的服装产业是日本的国民产业之一。日本纤维时尚信息中心统计数据显示，早在2000年之前，日本服装相关企业就达到了20000多家，从业人数约为40万人。但在2000年之前，多数服装企业为小型企业，日本前十大服装企业的销售额之和仅达1.36万亿日元，只占全行业的4.99%，92%的日本服装企业员工人数在30人以下。进入21世纪，这种情况逐渐好转，龙头企业逐渐出现，优衣库、岛村服饰在行业的地位日益突出。

日本的服装消费极高，预计未来三年市场体量平均增长率可达5.1%，至2024年会达到467亿美元，人均年消费预计高达1265美元。但就目前来看，日本服装进口体量居高不下，据日本纺织品进口商协会统计，如今日本国内服装"进口渗透率"高达90%以上，在日本流通的服装中进口产品比率约为96%，意味着日本的服装行业本土制造产品逐渐减少。

（二）日本服装消费档次

相比于其他国家，日本的服装消费档次分明，第一梯队为高端奢侈品牌，份额在整个日本服装行业占20%；第二梯队为低价的休闲品牌，份额约占总体的一半；第三梯队是中等档次的"流行市场"。

在日本经济泡沫破裂之前，全民消费升级催生了整个高端服装界的快速崛起，三宅一生、川久保玲、山本耀司等设计师的服装品牌在这一时期进入日本服装市场。但在20世纪90年代以后，日本经济紧急进入通货紧缩，民众资产大幅缩水，此后高端服装消费一蹶不振。但这也为其他梯队品牌的崛起创造了机会，其中，以优衣库为代表的企业凭借其多样化的设计和多种类型的搭配，成为日本服装的龙头企业。

二、疫情对日本服装市场的影响

日本经济产业省数据显示，2022年全年日本纺织服装零售额累计8.7万亿日元，同比增长1.2%，较疫情前同期下降21%。2022年12月单月日本纺织服装零售额9690亿日元，同比增长1%，与2019年同期相比下降18.8%。

（一）日本服装消费低迷

日本是全球主要的纺织品服装传统零售市场之一，相比于美国、欧盟、中国等地区，日本零售市场对外依存度高、自身市场体量相对受限，加之泡沫经济崩溃后长期受到消费乏力掣肘，日本服装销售市场在疫情后一直处于需求疲软的状态，纺织品服装消费发展停滞不前。虽然日本政府努力通过一系列如发放现金补助等措施刺激经济发展、提振消费，但包括服装服饰在内的日用消费品零售不属于主要收益领域，经济恢复仍不见起色。

（二）日本服装零售复苏难度较大

疫情催化下，日本本土消费者对服装服饰的购买欲望一再降低，消费复苏缺乏后劲，难度较大。日本经济贸易工业部公布的纺织品服装零售月度数据显示，2020年全球主要零售市场受影响最大月份为4月，日本服装服饰月度零售同比下降幅度最大值为54.1%，低于美国的87%和欧盟的78%。但时隔一年后的2021年4月，日本服装服饰零售额仅反弹增长了63.3%，而较美国同比增长的764.6%，欧盟同比增长的130%处于劣势。从销售额看，2022年全年日本服装服饰零售额为8.7万亿日元，远低于疫情前2019年全年的11万亿日元，恢复乏力情况明显。

三、日本服装零售模式

日本服装零售模式的形成深受以美国为主的海外流通企业的影响，目前已经形成了百货公司、大型综合超市、车站附近商场、专卖店、奥特莱斯工厂店、通信邮购销售以及网络销售等几种零售模式。

（一）百货公司模式

日本最早的百货公司是"三井吴服店"，它们率先摒弃了客户在柜台外购物的方式，采纳了法国百货公司的做法。随着多年的发展，日本现在的百货公司开始进行体制改革，摸索新的经营方向，制订了各种新的战略方案迎接时代的挑战。

（二）专卖店模式

目前，专卖店占据了日本服装销售流通的半数以上。具有特色的团队合作的SPA专卖店，凭借其统一经营减少成本，凭借其品牌经营树立明确形象，减少不必要库存，实施标准化物流等优势，迅速占领日本市场。除了SPA专卖店以外，日本还针对特殊消费人群，为他们开发非量产的产品并利用专卖店进行销售。

（三）奥特莱斯工厂店模式

奥特莱斯最开始是为了厂家处理过量生产所造成的库存而发明的一种零售形式，主要负责处理高级百货商店的库存。奥特莱斯的出现影响了一些传统的零售店铺的营业额，但随着网络购物的兴起，奥特莱斯的生存也受到了一定的挑战。

四、日本服装批发商类型

日本的服装行业中企业数量最多的为批发商，主要分为三种类型。第一种类型为"中央批发商"，服装厂家大多属于这一类；第二种类型为"地方批发商"，又可细分为现金批发和赊销批发；第三种类型为"产地批发商"，即接受国内其他商社和生产厂家的订单，然后向分布在全国的各个布料原材料生产厂家下单。除以上三种类型以外，批发商还有海外厂家代理店、进口商社、金融商社等类型。

第三章　我国服装物流发展环境

2020年以来，我国服装物流发展环境面临重重考验，在宏观物流稳步发展的背景下，服装物流发展经济与政策环境焕发活力、发挥指引作用，带动服装物流逐步恢复。

第一节　我国宏观物流发展环境

物流是延伸产业链、提升价值链、打造供应链的重要支撑，在构建现代流通体系、促进形成强大国内市场、推动高质量发展、建设现代化经济体系中发挥着先导性、基础性、战略性作用。面对国内国际环境带来的风险与挑战，我国物流业展现出强大的韧性，具体体现在物流规模持续扩张、物流市场活力进一步增强、物流与供应链韧性提升和物流运行环境改善。

一、物流需求规模继续增长

近年来，物流需求规模持续扩大，2020年虽受疫情影响全国社会物流总额增速下降，但总体保持上升趋势。2021年，物流需求规模再创新高，社会物流总额增速恢复至正常年份平均水平。如图3-1所示，2021年全国社会物流总额达到335.2万亿元，约为"十三五"初期的1.5倍，按可比价格计算，同比增长9.2%，两年年均增长6.2%。

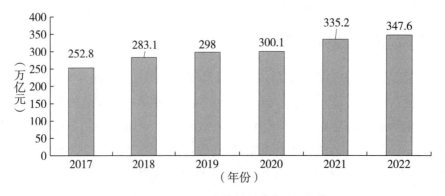

图3-1　2017—2022年全国社会物流总额情况

资料来源：中国物流与采购联合会。

2022年，全国社会物流总额为347.6万亿元，按可比价格计算，同比增长3.4%。物流需求规模持续稳定增长，是促进国民经济产业链供需衔接和实体商品流通的重要基础。

从社会物流总额的结构看，物流需求结构随经济结构调整、产业升级同步变化。工业领域物流需求总体稳中有进，民生领域物流需求保持平稳增长，再生领域物流需求快速增长。全年工业物流需求总体保持较快增长，2022年工业品物流总额超过300万亿元，比上年增长3.6%，其中，能源行业、消费品生产需求保持稳定，装备制造、高技术制造业物流需求支撑依然强劲。全年高技术制造业物流总额同比增长7.4%，增速快于工业品物流总额3.8个百分点；装备制造业物流总额同比增长5.6%，增速快于工业品物流总额2.0个百分点；随着新业态、新模式快速发展，消费物流持续保持恢复性增长，新冠肺炎疫情影响下，电商、网络购物已经成为居民消费的重要渠道，2022年，电商物流需求韧性较强，实物商品网上物流额增速超过6%，我国依然是全球第一大网络零售市场，超大规模市场优势成为支撑民生物流的重要动力；2022年，全年再生资源物流总额同比增长超过18%。"双碳"目标加快推进，再生资源物流成为实现战略的重要抓手，相关的废弃物循环利用体系加快形成，带动再生领域物流需求实现较高增长。

二、物流服务质量不断增强

近年经济恢复向好，物流业总收入稳步增长。2022年全年物流业总收入为12.7万亿元，如图3-2所示，按可比价格计算，同比增长4.7%，增速高于同期社会物流总额，物流行业实现快速发展，服务不断向高质量迈进。多式联运加快推进，2022年，运输结构调整稳步推进，铁路、水运货运量占比提高1.9个百分点，多式联运大力推进，集装箱铁水联运量同比实现高速增长，各运输方式协同性提升，助力物流服务质量升级。

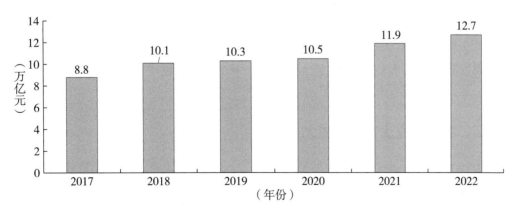

图3-2　2017—2022年物流业总收入情况

资料来源：中国物流与采购联合会。

服务能力辐射范围扩大，铁路运输中欧班列辐射欧洲约24个国家196个城市，道路运输拓展至19个国家，远洋运输航线覆盖100多个国家和地区，航空运输网络覆盖约60个国家和地区，有力服务了国内国际双循环，保障了国际物流供应链安全。服务效率进一步提升，物流领域的智能化、自动化等关键技术创新和应用不断推进，数字化转型成效明显。公路、航运、快递等领域，通过自动化智能化设备应用提高货物周转效率，提升全链路时效。

三、物流顶层规划持续改善

2021年以来，物流业相关"十四五"规划陆续出台，我国物流业发展受到高度重视。《中华人民共和国国民经济和社会发展第十四个五年规划和2035年远景目标纲要》从物流体系建设、国际物流通道、现代商贸流通体系和应急物流等方面强调了物流发展的重要性。2021年12月，国务院办公厅印发《"十四五"冷链物流发展规划》，提出计划到2025年，初步形成衔接产地销地、覆盖城市乡村、联通国内国际的冷链物流网络。2022年1月，国家发展改革委发布《"十四五"现代流通体系建设规划》，提出顺应物流运行网络化发展趋势，推进物流基础设施和服务能力建设，加快构建经济高效、绿色智能、安全稳定的现代物流体系。《国家综合立体交通网规划纲要》《推进多式联运发展优化调整运输结构工作方案（2021—2025年）》等文件均对物流发展目标作出要求，为我国物流产业健康发展提供了坚实的政策保障。2022年12月，国务院办公厅印发《"十四五"现代物流发展规划》，精准聚焦构建供需适配、内外联通、安全高效、智慧绿色的现代物流体系，作为我国现代物流领域第一份国家级五年发展规划，对物流发展发挥着重要的指导性作用。

2022年，相关部门出台强化交通物流保通保畅的一系列支持政策。从行业出发，出台1000亿元交通物流专项再贷款、贷款延期还本付息、社保缓缴、收费公路货车通行费减免等多项涉物流业的助企纾困政策。立足于企业发展，金融机构发挥融资担保等作用，主动为申贷物流企业提供金融服务保障，对货运司机等群体相关贷款应延尽延，大幅提升物流行业融资效率，一定程度上缓解了物流行业的资金压力。

四、物流行业运行波动加大

2020年以来，国际环境愈发复杂严峻，国内新冠肺炎疫情多点散发等多重因素对我国物流运行效率、供应链响应水平产生影响。2022年，受国际供应链不畅、国内疫情扰动等因素影响，社会物流总费用比上年增长4.4%。在社会物流总费用中，保管费用占比提高0.3个百分点；运输费用、管理费用占比下降0.2个、

0.1个百分点。从物流行业景气水平来看，2022年物流行业景气水平整体处于历史低位。受全国各地区疫情陆续暴发影响，各行业开工率不足，物流劳动力供给也呈现阶段性趋紧，重点城市、物流节点畅通性波动频繁，对整体物流行业景气运行造成了一定影响。

第二节　我国服装物流发展经济环境

我国服装物流发展经济环境总体呈现向好趋势，服装消费水平稳步提升，服装市场升级特征凸显，与此同时，国际经济形势发展更加错综复杂。

一、服装消费水平稳步提升

2010年以来，我国国内生产总值稳居世界第2位，占世界经济总量比重逐年上升。我国经济总量与美国的差距明显缩小，且远远高于日本、德国等世界主要经济体。近年来，我国经济发展面临重重考验，总体呈现稳中有进的增长趋势。2022年我国国内生产总值121.02万亿元，按不变价格计算，比上年增长3.0%，在高基数基础上实现了中高速增长，迈向高质量发展，如图3-3所示。

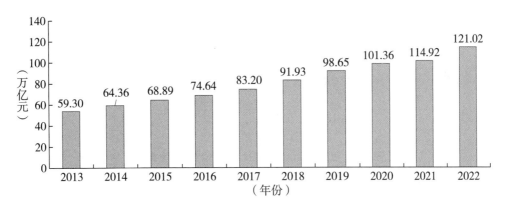

图3-3　2013—2022年我国国内生产总值情况

资料来源：国家统计局。

居民收入增长与经济增长基本实现同步，2022年我国居民人均可支配收入36883元，比上年名义增长5.0%，扣除价格因素，实际增长2.9%。与此同时，居民消费水平持续提高，消费能力不断增强。2022年我国居民人均消费支出24538元，比上年名义增长1.8%，扣除价格因素，实际下降0.2%（见图3-4）。

对比我国近年消费结构来看，虽然2020年、2022年受疫情影响出现下降趋势，但总体上我国居民在衣着领域人均消费支出呈现稳定上升的态势，如图3-5所示。

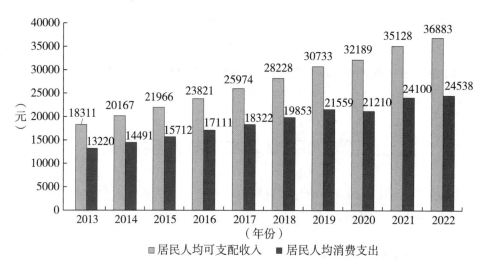

图3-4 2013—2022年我国居民收入、消费对比情况

资料来源：国家统计局。

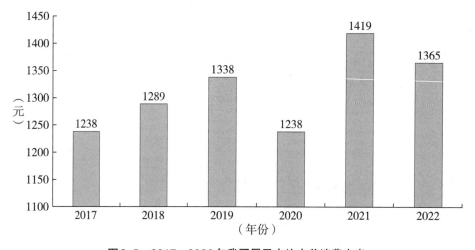

图3-5 2017—2022年我国居民人均衣着消费支出

资料来源：国家统计局。

二、服装市场升级特征凸显

近年来，我国经济发展韧性持续巩固，居民收入稳定提升，内需潜力持续释放，我国服装市场销售明显改善。现阶段，我国人均纤维消费量已达25千克，纤维消费规模和消费结构已基本达到中等发达国家水平，消费升级特征明显。同时，新技术、新业态、新模式广泛应用于服装行业，服装市场转型升级步伐加快，服装产品向着功能型、环保型、智能型方向不断升级，全产业链新产品开发能力不断提升，为消费者提供了更高层次的需求体验和更多维度的消费选择。各大服装专业市场积极适应新的消费市场环境变化，通过直播带货、电商供货、新零售等方式，结合线上线下销售渠道，在传统市场受疫情影响下实现销售额的稳定增长。

与此同时，消费者的消费结构也在不断向享受型、品质型、发展型消费转换，品质化、多样化消费需求增长速度明显加快。现阶段，我国"90后""00后"人口超过3亿人，成为消费主力人群，在消费产品的选择上，对国货品牌的友好度高、对国潮产品的文化认同感强。根据极光数据研究院对"95后"消费者的调研，70.9%的被调研者愿意购买国货或国潮产品；70.5%认为国货/国潮产品质量完全不输海外大品牌；70.8%认为国货/国潮产品原创设计能力很强；67.1%认为国货/国潮产品代表潮流、时尚和个性。

三、国际经济形势更加错综复杂

世界百年变局与世纪疫情交织，新冠肺炎疫情反复延宕，世界经济复苏面临各种挑战，单边主义、保护主义上升，全球产业链、供应链受到冲击，通货膨胀、粮食、能源安全等问题复杂严峻，并且在短期内仍难解决。世界贸易组织在2022年10月发布的报告中指出，受俄乌冲突、欧洲能源危机以及美联储收紧货币政策等多重因素影响，全球消费需求低迷，预计2023年全球商品贸易额增长将放缓至1%，远低于此前预期。同时，国际货币基金组织预计2023年全球将出现大范围的增长放缓，约占全球经济1/3的国家将发生经济萎缩。在此外部环境影响下，我国服装行业发展面临的形势将更加严峻复杂，供应链布局将更加注重稳定性和安全可控性，全面提升服装产业及整个产业链条的发展韧性和抗风险能力。

第三节　我国服装物流发展政策环境

行业的良好发展离不开政策的指引与规范，根据不同时期的国民经济发展规划回顾我国服装行业自"十五"时期至"十四五"时期的政策发展历程，可以发现，我国服装行业经历了从国外名牌代工、打造自有品牌到技术改造升级，再到绿色化、品质化、品牌化的发展路径。"十四五"时期，服装行业将持续向提升行业文化创造力、科技创新力和绿色发展力，构建以中华优秀文化为基因脉络的时尚话语权，打造世界级服装品牌和产业集群，推进中国服装行业迈向世界产业链中高端方向发展。

一、服装行业国家政策

近年来，国家各部门陆续出台多项政策文件支持服装品牌高端化发展，如表3-1所示。2021年3月出台的《中华人民共和国国民经济和社会发展第十四个五年规划和2035年远景目标纲要》提出要提升自主品牌影响力和竞争力，率先在服装等消费品领域培育一批高端品牌。

表3-1

近年来服装行业重点国家政策汇总

发布时间	发布机构	政策名称	重点内容
2015年5月	国务院	《国务院关于加快培育外贸竞争新优势的若干意见》	推动外贸商品结构调整。加强对重点行业出口的分类指导。继续巩固和提升纺织、服装、箱包、鞋帽、玩具、家具、塑料制品等劳动密集型产品在全球的主导地位
2015年6月	国务院办公厅	《国务院办公厅关于支持新疆纺织服装产业发展促进就业的指导意见》	支持重点园区建设产品质量检测、信息服务、电子商务及物流配送等公共服务平台，为企业提供服务；支持配套建设面料辅料、零配件等供应市场，形成产业集群效应。积极发挥中国—亚欧博览会、亚欧丝绸之路服装会展活动对开拓出口市场的作用。加强铁路运输组织协调，改善铁路物流服务水平，促进物流基础设施整合和有效利用，完善现代物流体系，进一步降低物流成本。加快培育研发设计、咨询培训等服务型企业
2015年12月	国务院	《国务院关于新形势下加快知识产权强国建设的若干意见》	提升知识产权价值附加值和国际影响力。实施专利质量提升工程，培育一批核心专利。加大轻工、纺织、服装等产业的外观设计专利保护力度
2016年1月	国务院	《国务院关于促进加工贸易创新发展的若干意见》	稳定传统优势产业。继续发展纺织服装、鞋类、家具、塑料制品、玩具等传统优势，巩固传统优势。支持企业加强技术研发和设备改造，提升产品技术含量和附加值，增强企业核心竞争力。谋划加工贸易外合作新布局，做好境外合作重点国家和重点行业布局，引导建材、化工、有色、纺织、轻工、食品等企业开展境外合作
2016年4月	国务院办公厅	《国务院办公厅关于印发贯彻实施质量发展纲要2016年行动计划的通知》	深入开展质量提升行动。以空气净化器、电饭煲、智能马桶盖、智能手机、玩具、儿童及婴幼儿服装、厨具、家具等消费者普遍关注的消费品为重点，开展质量提升工程，组织实施消费品质量提升行动，增品种、提品质、创品牌
2016年5月	国务院办公厅	《国务院办公厅关于开展消费品工业"三品"专项行动营造良好市场环境的若干意见》	增加中高端消费品供给。发展中高端消费品，丝绸、旅游装备和纪念品等消费品的有效供给能力和水平。进一步提升婴幼儿配方乳粉、服装、家纺、化妆品、箱包、珠宝、手表、家纺、化妆品、厨卫用品等生活用品。培育知名品牌。编制家电、服装、家纺、食品等行业品牌发展报告

续 表

发布时间	发布机构	政策名称	重点内容
2016年9月	国务院办公厅	《国务院办公厅关于印发消费品标准和质量提升规划（2016—2020年）的通知》	适应个性消费、时尚消费、品质消费的发展需求，巩固纺织服装鞋帽、皮革箱包等产业的传统优势地位，加快首饰、钟表、眼镜、皮革制品等产业的技术创新和产业升级，加大知识产权保护力度，提升创新创意设计能力。推进三维人体测量、数字化试衣、产品追溯、可穿戴服装等新技术产业化推广，制定规范定制流程全过程服务和产品质量的通用标准，引导服装服饰产品企业注重发挥本土优势，壮大个性定制、规模定制和高端定制产业，以精准设计、精准生产、精准服务赢得消费市场。优化完善标准体系、研制相关键技术标准，提高新型型纤维、优质棉麻毛、高端羊绒丝绸皮革等材料质量要求，规范纺织产品防水、保温、防风、抗菌等功能性要求，制造高端精品
2016年11月	工业和信息化部	《工业和信息化部关于印发信息化和工业化融合发展规划（2016—2020年）的通知》	推广个性化定制。推动家电、家具、服装、家纺、建材家居等行业发展动态感知、实时响应应消费需求的大规模个性化定制模式
2017年1月	中共中央办公厅、国务院办公厅	《关于实施中华优秀传统文化传承发展工程的意见》	实施中华节日礼仪服装服饰计划，设计制作展现中华民族独特文化魅力的系列服装服饰
2017年7月	工业和信息化部、国家发展改革委、科技部、财政部、环境保护部	《工业和信息化部 发展改革委 科技部 财政部 环境保护部关于加强长江经济带工业绿色发展的指导意见》	引导跨区域产业转移。认真落实长江经济带产业转移指南，依托国家级、省级开发区，有存建设沿江产业发展轴，合理开发沿海产业发展带，重点打造长三角洲、长江中游、成渝、黔中和滇中五大城市群中五大城市群工业发展圈，大力培育电子信息产业、高端装备产业、汽车产业、家电产业和纺织服装产业五大世界级产业集群，形成空间布局合理、区域分工协作、优势互补的产业发展新格局
2017年9月	中共中央、国务院	《中共中央 国务院关于开展质量提升行动的指导意见》	巩固纺织服装鞋帽、皮革箱包等传统产业的优势地位
2019年9月	工业和信息化部	《工业和信息化部关于促进制造业产品和服务质量提升的实施意见》	促进消费品工业提质升级。持续开展纺织服装创意设计园区（平台）试点示范工作，提高创意设计水平，推动产品供给向"产品+服务"转变，促进消费升级

续表

发布时间	发布机构	政策名称	重点内容
2019年10月	工业和信息化部、国家发展改革委等十三部门	《十三部门关于印发制造业设计能力提升专项行动计划（2019—2022年）的通知》	实现传统优势产业设计升级。在消费品领域，支持智能生态服装、家用纺织品、产业用纺织品、鞋类产品、玩具家电、家具等设计创新
2019年12月	中共中央、国务院	《长江三角洲区域一体化发展规划纲要》	围绕电子信息、生物医药、航空航天、高端装备、新材料、节能环保、汽车、绿色化工、纺织服装、智能家电十大领域，强化区域优势产业协作，推动传统产业升级改造，建设一批国家级战略性新兴产业基地，形成若干世界级制造业集群。推动中心区以外城市和部分沿海地区升级承接产业向具备承接能力的中心区以外城市和部分沿海地区转移，建立与产业转移承接地间利益分享机制，加大对产业转移重大项目的土地、融资等政策支持力度
2020年8月	国务院办公厅	《国务院办公厅关于进一步做好稳外贸稳外资工作的意见》	加大对劳动密集型企业支持力度。对纺织品、服装、家具、鞋靴、塑料制品、箱包、玩具、石材、农产品、消费电子类产品等劳动密集型产品出口企业，在落实减税降费、出口信保、出口信贷、稳岗就业、用电用水等各项普惠性政策基础上进一步加大支持力度
2020年11月	国务院办公厅	《国务院办公厅关于推进对外贸易创新发展的实施意见》	增强中小企业贸易竞争力。鼓励中小企业走国际化道路，在元器件、基础件、工具、模具、服装、鞋帽等行业，鼓励形成一批竞争力强的"专精特新"中小企业、"小巨人"企业。优化出口产品结构。推动纺织、家纺、服装、箱包、鞋帽等劳动密集型产品高端化、精细化发展
2021年3月		《中华人民共和国国民经济和社会发展第十四个五年规划和2035年远景目标纲要》	开展中国品牌创建行动，保护发展中华老字号，提升自主品牌影响力和竞争力，率先在化妆品、服装、家纺、电子产品等消费品领域培育一批高端品牌
2021年10月	国务院	《国务院关于印发国家知识产权保护和运用规划的通知》	完善服装设计等时尚产业知识产权保护政策

续　表

发布时间	发布机构	政策名称	重点内容
2021年10月	中国服装协会	《中国服装行业"十四五"发展指导意见和2035年远景目标》	2035年，在我国基本实现社会主义现代化国家时，我国服装行业要成为世界服装科技的主要驱动者，全球时尚发展的有力推进者
2022年1月	国务院办公厅	《国务院办公厅关于做好跨周期调节进一步稳外贸的意见》	进一步稳定外贸领域就业。对纺织品、服装、家具、塑料制品、箱包、玩具、石材、陶瓷等劳动密集型产品出口企业，各地方要落实好各项减负稳岗扩岗就业政策措施，以符合世贸组织规则的方式加大出口信贷、出口信保等政策支持力度
2022年1月	国务院	《国务院关于印发"十四五"市场监管现代化规划的通知》	扩大中高端产品供给。率先在化妆品、服装、家纺、电子产品等消费品领域培育一批高端品牌
2022年10月	工业和信息化部办公厅	《工业和信息化部办公厅关于开展2022纺织服装"优供给促升级"活动的通知》	加强产业链上下游合作，维护供给体系韧性与稳定。组织开展服装、面料辅料、纱线、针织、纺织机械、产业用纺织品等行业国际性展览展示交流活动，强化全球纺织服装产业链供应链交流合作

二、服装行业省区市政策

为响应国家政策要求，提高自身服装行业发展水平，多个省区市将服装行业发展列入"十四五"发展规划当中，如表3-2所示。

表3-2 各省区市"十四五"规划服装相关政策汇总

省区市	政策名称	重点内容
河北	《河北省国民经济和社会发展第十四个五年规划和二〇三五年远景目标纲要》	优化提升钢铁、石化、汽车、轨道交通装备、农业机械装备、食品、纺织服装等传统产业链
辽宁	《辽宁省国民经济和社会发展第十四个五年规划和二〇三五年远景目标纲要》	发展高端服装业，加快科技创新和数字技术的应用，引导企业开展个性化定制和智能制造，提高文化创意能力，满足消费者多样化、个性化、时尚化需求。提升"中国防护纺织品名城"等名城名镇影响力，推动丹东运动户外、兴城泳装等重点纺织服装产业集群加快发展
吉林	《吉林省国民经济和社会发展第十四个五年规划和2035年远景目标纲要》	重点发展纤维、纺织、袜业、服装、家具及木制品、造纸等行业。加快发展碳纤维、差别化纤维和生物质纤维及制品。研发非木板材等接续替代产品，扩大绿色环保高档家具、高档纸制品、服装服饰等高附加值产品生产规模
江苏	《江苏省国民经济和社会发展第十四个五年规划和二〇三五年远景目标纲要》	充分发挥苏北各地比较优势，促进地区间产业分工协作，加快打造工程机械、生物医药、电子信息、风电装备、绿色食品、纺织服装等特色产业集群，培育发展高端装备、节能环保、新材料、新能源等战略性新兴产业，大力发展具有地域特色的绿色产业
浙江	《浙江省国民经济和社会发展第十四个五年规划和二〇三五年远景目标纲要》	实施产业集群培育升级行动，打造新一代信息技术、汽车及零部件、绿色化工、现代纺织和服装等世界级先进制造业集群，一批年产值超千亿元的优势制造业集群和百亿级的"新星"产业群
安徽	《安徽省国民经济和社会发展第十四个五年规划和2035年远景目标纲要》	运用大数据、云计算、物联网、人工智能等技术，促进煤炭、钢铁、有色、化工、建材、家电、汽车及零部件、纺织服装、医药、食品等传统产业数字化、网络化、智能化
福建	《福建省国民经济和社会发展第十四个五年规划和二〇三五年远景目标纲要》	深入推进先进制造业强省、质量强省建设，做大做强电子信息和数字产业、先进装备制造、石油化工、现代纺织服装、现代物流、旅游六大主导产业，提档升级特色现代农业与食品加工、冶金、建材、文化四大优势产业，培育壮大新材料、新能源、节能环保、生物与新医药、海洋高新五大新兴产业，打造"六四五"产业新体系
江西	《江西省国民经济和社会发展第十四个五年规划和二〇三五年远景目标纲要》	通过产业承接、技术改造、品牌提升和产业链延伸，做强羽绒、针织、女性服饰、童装等服装产业，做精苎麻、丝绸、棉纺等家纺产业，积极发展产业用纺织品、粘胶纤维，加强自主品牌培育，打造全国重要的纺织产业集群、中西部"时尚创意中心"

省区市	政策名称	重点内容
山东	《山东省国民经济和社会发展第十四个五年规划和2035年远景目标纲要》	做优做精纺织服装、食品、造纸、建材、家具制造等经典产业，占据全国产业链中高端优势位置
河南	《河南省国民经济和社会发展第十四个五年规划和二〇三五年远景目标纲要》	壮大时尚服装和智能家居产业，带动现代轻纺产业加快迈向中高端
湖南	《湖南省国民经济和社会发展第十四个五年规划和二〇三五年远景目标纲要》	积极承接长三角地区电子信息、装备制造、纺织服装、精细化工等领域的制造业和服务业企业
广东	《广东省国民经济和社会发展第十四个五年规划和2035年远景目标纲要》	推动纺织服装、塑料、皮革、日化、五金、家具、造纸、工艺美术等行业创新发展模式，加快与新技术、新材料、文化、创意、时尚等融合，发展智能、健康、绿色、个性化等中高端产品，培育全国乃至国际知名品牌
广西	《广西壮族自治区国民经济和社会发展第十四个五年规划和2035年远景目标纲要》	振兴发展特色优势消费品制造业，重点发展农副食品、家具板材、纺织服装、家用电器、日化陶瓷、酒水饮料等，支持优势品牌提质升级，打造更具竞争力和更高附加值的产业
重庆	《重庆市国民经济和社会发展第十四个五年规划和二〇三五年远景目标纲要》	做优"三峡制造"绿色工业，围绕智能产业、智能装备、绿色食品、中药材、纺织服装、特色轻工、汽车零部件、新材料、清洁能源、装配式建筑、旅游商品等领域，支持每个区县培育发展2～3个特色优势产业，创建优势特色产业集群
四川	《四川省国民经济和社会发展第十四个五年规划和二〇三五年远景目标纲要》	加强重要功能平台建设，打造区域物流枢纽、国家级承接产业转移示范区，推进生产力沿高铁通道优化布局，推动能源化工、先进材料、机械汽配、绿色食品、丝纺服装等产业转型发展
贵州	《贵州省国民经济和社会发展第十四个五年规划和2035年远景目标纲要》	积极发展箱包、服装加工、家用纺织产品，推动产品迈向中高端。鼓励发展化妆品、香精、香料等附加值高的产业
青海	《青海省国民经济和社会发展第十四个五年规划和二〇三五年远景目标纲要》	重点打造河湟新区、互助绿色产业园、乐都工业园、民和工业园、循化产业园、巴燕·加合市级经济区、化隆群科绿色产业园，布局发展新能源、新材料、农畜产品加工、民族特色纺织服装、民族手工业
新疆	《新疆维吾尔自治区国民经济和社会发展第十四个五年规划和2035年远景目标纲要》	根据国家战略和市场需求，加快纤维制造产业与纺织工业协同发展。优化棉花产业供应链、价值链，提高棉花就地转化率和纺锭规模，打造国家优质棉纱生产基地。加快产业用纺织品发展，高标准发展印染产业，促进产业链向服装等终端产业延伸

第四章　我国服装电商发展情况

服装行业是我国的优势产业，行业发展成熟，已经逐渐地形成从生产、加工到制作的完整产业链，服装市场规模呈现稳步增长的态势。随着经济的发展和城市化水平的提高，群众对服装的需求也在提升，审美标准也在不断变化，服装已经成为人们的形象标志，从市场规模看，群众需求成为服装行业发展的最大驱动力。电商行业的发展也将为依赖线上营销的新消费领域持续创造成长机遇，新需求、新赛道和新品牌将持续涌现。"线上＋线下"共同发力推动服装消费在2021年大幅回升，共同成为消费复苏的动力。中国服装电商市场规模持续引领全球，服务能力和应用水平进一步提高。

第一节　我国服装电商发展概述

纵观我国服装电商发展历程，在经历过萌芽期、高速发展期、成熟期之后，现已跨入深度挖掘期，如图4-1所示。这是一个持续发展、成果不断积累的变迁过程，也是一个矛盾解决与再生的过程。

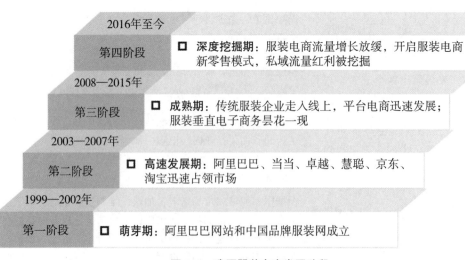

图4-1　我国服装电商发展阶段

一、萌芽期（1999—2002年）

这个过程始于20世纪90年代，这一时期国内电子商务还处于发展的初期。1999年，以马云为首的18人在浙江省杭州市创立了阿里巴巴（中国）网络技术有限公司并创建了阿里巴巴网站，马云在这个时候建立电子商务网站，在国内是一个逆势而为的举动，在整个互联网界开创了一种崭新的模式。但这个阶段的网民数量少得可怜，根据中国互联网络信息中心调查结果，截至2000年12月31日，网民数量约为2250万人。而且在这个阶段，大多数网民的网络生活仅停留在收发电子邮件和浏览网页。2002年，中国品牌服装网成立，它和阿里巴巴网站成为服装企业试水电子商务的优先选择。

二、高速发展期（2003—2007年）

2003年，"非典"暴发，消费者的线下消费需求被抑制，我国互联网进入新一轮的成长期。2003年5月，阿里巴巴集团创立淘宝网，进军C2C（消费者对消费者的电子商务模式）市场；2003年12月，慧聪网香港创业板上市，成为国内B2B（企业对企业的电子商务模式）电子商务首家上市公司；2004年1月京东涉足电子商务领域；2004年12月，阿里巴巴集团创立支付宝，打通电商第一个第三方支付平台；2005年9月，腾讯拍拍网上线；2007年11月，阿里巴巴（中国）网络技术有限公司成功在香港主板上市。

阿里巴巴、当当、卓越、慧聪、全球采购、淘宝等电商平台成为互联网中的热点。这些生在网络、成长在网络的企业，仅在短短的数年内崛起，并且迅速占领市场，使服装电商得以蓬勃发展。

三、成熟期（2008—2015年）

在随后的发展过程中，电商已经不仅仅是互联网企业的天下。数不清的传统企业、商家和资金流入电子商务领域，使电子商务变得异彩纷呈。受国际金融危机的影响，我国传统服装企业纷纷走向线上。如果以2008年作为我国服装电子商务发展的一个分界点，那么从主观上来看，2008年之前国内服装企业对电子商务总体处于观望阶段；而2008年之后企业对发展电子商务的认识有了质的转变。淘品牌从2008年开始兴起，2010—2012年是其发展的黄金期，以势如破竹之势迅速占领服装业的半壁江山，业绩神话屡次上演。伴随着淘品牌的强势崛起，传统服装企业受到巨大的冲击，服装实体店在传统的分销模式与价格上明显落后于电商，未能建立起品牌意识的传统服饰业在电商面前更无优势。面对来势汹汹的电商潮与淘品牌，传统服饰业的地位岌岌可危，众多实体店纷纷面临倒闭浪潮。如何在信息化时代充分利用网络资源探索出一条适合自身发展的道路，成为各服装企业思考的主要问题。从客观上来看，2008年之后，我国传统服装企业在"触电"过程中也跨出了实际性步伐，李宁、雅莹、康妮雅、九牧王等一批传统品牌纷纷试水线上。

2009年，骆驼开始试水电商，刚开始也仅是将电商作为实体店清库存的辅助渠道，后来发现电商有利可图后，骆驼专门设立了电商团队，开始线上、线下双线发展。同年，JACK&JONES也与淘宝拉开战略合作的序幕，淘宝商城旗舰店正式开张，并取得了良好的业绩，单日交易额高达47万元，销量达到2000多件。2010年，ONLY淘宝店铺上线，以1.56%的市场份额上榜淘宝排名前10热销女装品牌。

不仅平台电商迅速发展，服装垂直电子商务也迅速兴起并衰落。以凡客诚品（VANCL）为例，2007年10月18日，凡客诚品正式上线运营。凡客诚品主打服装品牌，使用薄利多销策略，只用了3年的时间，就已经获得了近8000万个客户，销售额达到了20亿元，成为仅次于京东、亚马逊以及当当之后的第四大B2C（企业对消费者的电子商务模式）的电商品牌，鼎盛时期员工数量达到了1.3万人之多。2011年，凡客诚品宣布要在美国上市，可就在上市的前夕，凡客诚品的问题全都爆发了，不得不暂停上市的计划，然而这一暂停也就等于永久失去了上市的机会，同时其不断地增加产品的种类，导致货物积压，最严重的时候积压商品超过了14.45亿件，开始走下坡路。凡客诚品之所以受人关注，是因为它是国内垂直电商领域的标杆，是国内较早获得国际大风投（老虎基金）的垂直电商企业之一，也正是在它之后，国际风投不断涌入中国市场，加速推动了中国电商的发展。

2011—2015年，电子商务从计算机端向智能手机无线端转变，消费场景变得更安全、更智能化、更娱乐性化，服装电商模式更加成熟。

四、深度挖掘期（2016年至今）

随着无线端流量爆发的结束，电商行业迎来了流量增长放缓、流量红利渐渐逝去的阶段。电商平台遭遇流量瓶颈，各大平台积极寻求变革，尝试一种电商内容化、电商社区化的模式，直播平台随之兴起。服装物流电商新零售模式开启，私域流量红利被挖掘。2016年，淘宝、京东、蘑菇街、唯品会等电商平台纷纷推出直播功能，开启直播导购模式，直播用户数也快速增长。电商领域竞争更加激烈，商家开始逐渐向品牌化转型，单靠产品本身已经很难有所突破，且对资金规模的要求越来越高，商家更加专注在品牌、理念、服务以及粉丝互动娱乐性方面有所创新，各个电商平台也在争取市场份额和用户量，着力提升用户体验，提高用户黏性和复购率。

对我国传统服装行业而言，电子商务的应用既是机遇也是挑战。我国电子商务发展的二十多年，也是我国传统服装行业转型升级、推进产业现代化建设的过程。

第二节　我国服装电商发展现状及特点

互联网应用的普及和深化促进了电子商务尤其是网上零售的发展。随着网络的深入、普及和开放以及技术手段的加强，服装电商市场的增长速度超乎想象。如今服装电商领域已经进入深度挖掘期，通过网络直播，开始逐渐引爆流行，私域流量成为品牌影响都市白领的重要路径。

一、我国服装电商发展现状

（一）服装电商服务能力逐渐加强

艾媒咨询数据显示，2013—2019年，中国网购渗透率稳步上升，2013年网购渗透率为48.9%，在2018年达到73.6%，在2019年则达到76.2%。可以看出，随着互联网电商的兴起，消费市场也有了巨大的变化。2019年我国有76.9%的消费者通过线上渠道购买服装。截至2022年6月，我国网络购物用户规模为8.41亿人，较2021年12月下降153万人，占网民整体的80.0%。

2022年，全国实物商品网上零售额为119642亿元，同比增长6.2%，占社会消费品零售总额的比重为27.2%。数据显示，2022年上半年实物商品网上零售额中，吃类、穿类、用类商品分别增长15.7%、2.4%和5.1%。受新冠肺炎疫情持续影响，2021年中国服装市场B2C交易额较上年有较大幅度提升，增长至2.15万亿元左右，两年平均增长约8%，服装网购渗透率达到45%左右。2022年，67.9%的消费者选择在电商平台购买服饰（见图4-2），除了电商平台渠道，还有消费者愿意在网络消费决策平台和社交平台购买服饰。据统计，消费者的线上消费比例为62.0%，线下消费比例为38.0%。生活节奏加快、网上购物方便快捷是消费者选择线上购买服饰的原因，且由于疫情影响，消费者的线下购物需求转移至线上，线上逐渐成为消费者购物的主要渠道。

据艾媒咨询数据显示，2015年中国服装电商市场规模为4306.4亿元，2018年市场规模增长到8205.4亿元，2019年市场规模达到10133.7亿元，2020年市场规模达到10944.4亿元，2021年市场规模达到11480.9亿元（见图4-3）。现有国内主流的电商平台已形成提供产品、支付、物流以及金融服务的业务闭环，原有的只提供贸易撮合服务的电商平台贸易模式在近年来得到了极大提升。我国电商平台正在借助大数据和商业智能提升精细化运作能力，打造自身核心竞争优势，进一步促进平台的价值裂变。如天猫提出"五化"战略，即品牌时尚化、行业垂直化、会员价值化、无线个性化、服务分层化。从中可以看出，我国服装电商市场规模正在高速扩大，电子商务服务能力也在逐渐完善。

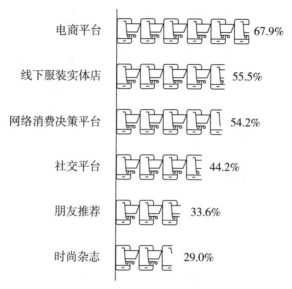

图4-2　2022年中国服饰消费者购买服饰参考渠道

资料来源：https://data.iimedia.cn/。

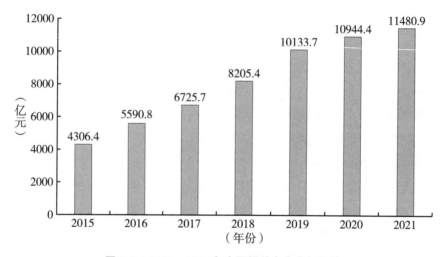

图4-3　2015—2021年中国服装电商市场规模

资料来源：艾媒咨询。

（二）服装电商模式多样

随着我国服装行业电子商务应用的逐渐深入，专业市场对于网络渠道的建设逐渐重视，并形成了多种模式的电子商务。

在B2B、B2C等传统模式的基础上，知名B2C平台纷纷开始构建O2O的发展体系，布局线下渠道，实现流量入口和场景入口的整合。如优衣库实现了"门店+官网+天猫旗舰店+手机App"的多渠道布局。在这种多渠道布局下，消费者可以获得更好的购物体验。用户在安装了优衣库的 App 后可以随时浏览上架的新款，查找优惠券和打折信息，也可以直接购买，再等待送货上门。App 中所提供的优惠券可以在门店使用，消费者也可以通过 App 获知距自己最近的门店的地理位置，到了门店后用手机扫码付款，从而节省了消费时间。

由于消费者个性化需求的驱动，以预售和定制化为核心趋势的 C2B（消费者对企业的电子商务模式）方兴未艾。预售模式的推出将有助于商家更加精准地锁定消费者、提前备货、更有效地管理上下游供应链。通过如淘宝预售频道等即看即卖的销售模式，商家可极大地提升品牌的搜索指数和流量转化率。

（三）服装农村电商释放农村消费潜力

2021 年，随着数字乡村建设加快推进，城乡"数字鸿沟"差距缩小，农村地区电子商务基础设施逐步完善，农村网民进一步扩容，农村市场服装消费潜力得到极大释放，农村电商交易规模也在进一步扩大。国家对农村地区的政策倾斜力度不断加大，农村流通体系建设加快，特别是电子商务和物流快速发展，2021 年，全国"快递进村"的比例超过 80%。再加上商贸流通企业纷纷挖掘农村市场，乡村消费品市场日趋活跃，农村消费呈现快速增长态势，并且其增速明显快于城镇消费增速。随着国家乡村振兴战略、扩大内需政策持续推进，农村居民收入增速连续 5 年快于城镇居民收入增速，农村居民消费能力持续增强，成为农村电商下沉的重点领域。服装服饰作为农村网络零售市场主要品类，在拼多多、乐村淘等电商平台大力推动下，服装服饰网络零售额继续保持快速增长态势。商务部数据监测显示，2022 年全国农村电商网络零售额达 2.17 万亿元，按可比价格计算，同比增长 3.6%（见图 4-4）。

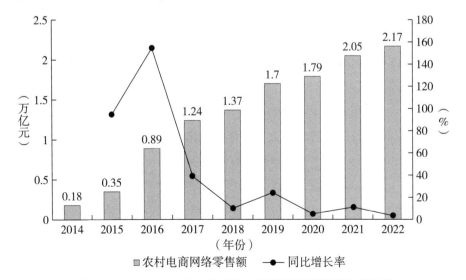

图 4-4　2014—2022 年全国农村电商网络零售额及同比增长率

资料来源：商务部数据。

（四）服装电商市场监管不断加强

面对我国电子商务市场上层出不穷的种种问题，国家几乎每年都会出台相关的法律法规和标准。特别是在近年，电商立法取得了突破性进展。《中华人民共和国电子商务法》于2019年1月1日起施行。《服装电商直播营销指南》（T/ZSFX 010—2021）于2021年7月5日正式实施，该标准规定了服装类电商直播营销商业活动的直播间运营者和直播营销人员在直播过程中的行为、直播场地设备、直播内容及产品质量的相关要求。不仅如此，国家对服装电商行业管理也越来越严格。2021年，国家市场监管总局组织开展了休闲服装等12种网售产品质量国家监督抽查，督促电子商务平台立即下架不合格产品。依法查封、扣押不合格产品，责令不合格产品销售企业停止销售同一产品，全面清理、依法处置库存不合格产品。责令不合格产品生产企业停止生产销售同一产品，并明确整改要求，督促落实整改措施，及时组织复查。对涉嫌犯罪的，及时移送司法机关。依法将严重违法失信企业纳入严重违法失信企业名单。结果处理情况要及时录入中国电子质量监督系统并报送总局。总局将强化跟踪督办，视情通报各地结果处理情况。

（五）服装电商二手市场蓬勃发展

近年来在共享经济蓬勃发展的浪潮下，二手交易逐渐走近人们的视线，线上的二手交易平台迅猛发展，在相继诞生的诸多线上二手交易平台中，阿里巴巴的闲鱼、58集团与腾讯合作推出的转转颇具代表性。另外，从社会角度来看，随着人均消费能力的提升以及物品更新换代频率的加快，新一代消费人群对交易二手闲置物品的接受度逐步提高。在此背景下，二手电商进入发展的黄金阶段，2015—2020年，国内二手电商市场规模从45.9亿元激增至3745.5亿元。二手电商涉及的品类涵盖从图书到数码产品、服装、奢侈品等几乎所有的消费品。

数据显示，2021年第一季度，约有55.4%的消费者通过二手奢侈品交易平台购买二手奢侈品，其中，通过直播电商交易的订单占比达33%。截至2021年5月，胖虎科技用户数超过300万人；2021年上半年，红布林平台的"最强剁手党"用户购买的订单数达470单，每天平均购买约2.5单，直播客单价为常销客单价的3倍；2021年妃鱼平台高峰期单场直播可吸引近百万名观众观看，单日超过4000单。2022年我国二手电商交易规模达4802.0亿元，同比增长20%（见图4-5）。

2022年9月，闲鱼发布了《闲鱼社区七天无理由退货规范》的公示通知。规范要求所有在闲鱼平台上从事商业经营活动的经营性卖家，都要按照相关法律法规及规范要求提供"七天无理由退货"服务。这项新规则于9月30日至10月7日进行公示，10

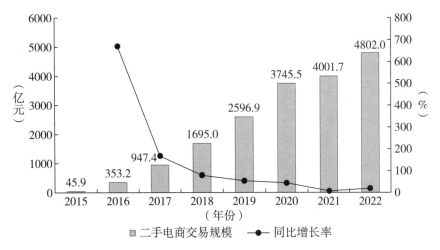

图4-5　2015—2022年我国二手电商交易规模及同比增长率

资料来源：https：//baijiahao.baidu.com/s？id=1703346991616510120&wfr=spider&for=pc。

月8日正式实施。该政策提高了平台商家的准入门槛，对消费者是一个保障，消费者会更愿意通过闲鱼平台交易。而买家数量增加后，卖家也会随之增加，卖家的数量决定了整个平台的交易规模，这使闲鱼的市场规模进一步扩大。早已在各大电商平台普及的七天无理由退货服务来到二手电商市场，响应了不少二手电商平台用户的呼吁。"七天无理由退货"是一手电商平台重要的售后服务之一，闲鱼推出这项服务，是对二手交易的进一步规范化。

二、我国服装电商发展特点

（一）网络直播成为服装电商新型基础设施

1. 满足消费者基本需求

由于新冠肺炎疫情导致部分零售实体店关闭，消费者渴望消费和社交，而直播带货恰好弥补了消费者这方面的需求，为用户提供了线上的互动购物体验。直播带货具有高度的互动性和娱乐性，最初主要起步于一些低线城市，现已发展到更高一级地区，并吸引了诸多国际知名品牌的关注。从信息对称、购物体验感以及社交属性三个维度来看，直播电商较传统电商在客户消费者吸引力方面更胜一筹。这是因为直播电商的模式主要是由主播通过视频的形式对产品进行讲解以及示范，让消费者全面了解产品或服务，其展示维度较传统电商更加丰富，能够消除消费者在信息不对称的情况下存在的疑虑。在多重优势的驱动下，直播电商也逐渐走进消费者的生活。直播电商模式的网络购物已经成为消费者日常消费的重要方式，其渗透率已经处于较高水平。直播电商主播发挥了与社群群主类似的作用，通过分析直播间的粉丝特征和结构为粉丝选择更加合适的商品，然后通过更加生动有趣的直播设计、更有效的商品介绍和展示、更强的社交互动等提高粉丝购买下单的意愿。此外，主播还具备了成为一种标杆、品位或生活方式代表的可能性；在这个基础上，消费者从寻找特定的商品变成了寻找能够推荐特定类型商品的主播，通过"蹲守"直播间来跟随特定主播的推荐购买。仅仅数年时间，直播直销即成为前景可观的新渠道，其充分发挥了关键意见领袖（Key Opinion Leader, KOL）和关键意见消费者（Key Opinion Consumer, KOC）的优势影响力，在提高零售商供应链效率和现金周转率的同时，将"娱乐式零售"提升到了新水平。

2. 直播电商加速膨胀

从2016年的萌芽期，到2017—2018年的探索加速期，再到2019年之后的爆发期，无论是从成交额，还是从用户以及企业端来看，直播电商都在加速膨胀。大量的社会行业涌入直播带货领域，网络直播逐渐呈现多样化和差异化的发展趋势。2020年，中国直播电商市场规模超过1.2万亿元，年增长率为197.0%。2023年，直播电商规模或许将超过4.9万亿元。企业通过常态化直播获得更可控的成本投入与更稳定的销量增长，服装品牌商纷纷布局私域流量运营，短视频、直播等形式极大丰富了小程序、公众号等社群营销功能，进一步拉近了品牌商与消费者之间的距离，提高了存量客户复购率，服装市场私域电商迎来爆发增长期。目前店铺直播已经成为众多品牌的主要销售场景之一，2020年店铺直播成交额占整体直播电商的32.1%，预计2023年占比将接近50.0%。

（1）C端渗透：直播电商用户渗透率持续增长，近四成网民成为直播电商用户。

2021年中国直播电商用户规模为4.3亿人，2022年中国直播电商用户规模达4.73亿人，同比增长10%。如图4-6所示，截至2020年年底，中国直播电商用户规模达3.88亿人，占整体网民规模的比例为39.2%。直播下单用户占直播电商用户的比例为

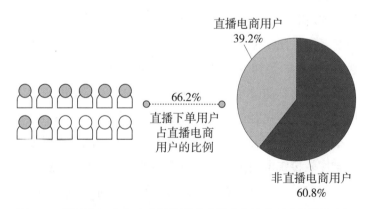

图4-6　截至2020年年底中国直播电商用户占整体网民规模的比例

资料来源：中国互联网络信息中心、艾瑞咨询。

66.2%，即近2/3的用户曾观看直播后做出购买行为。随着我国网民规模进一步扩大，消费者对直播互动性、社交性、娱乐性特点的认知加深。直播带货为观众提供了更优惠的价格、更直观的介绍、更高度的信任，用户日均观看直播的时长持续增加，越来越多的人认可在直播间购物的消费方式。

（2）B端拓展：流量分发新业态下，产业链迅速向供应链与运营延伸。

经历了2016—2018年三年的沉淀，直播电商于2019年迎来爆发期，直播成为平台延长用户时长、提高营销转化的普遍方式。直播电商的普及迅速培育出一个新型生态圈，行业从单纯的流量红利挖掘过渡到对整个生态的红利挖掘，尤其是通过精细化运营与供应链渗透实现新的增量。

这一点表现为2020年直播电商服务企业与从业人数的快速增长。各大电商平台纷纷推出直播功能，直播平台加速上线电商板块，电商直播化正在成为一种常态。据统计，截至2022年9月，中国直播电商相关企业累计注册数38957家，2021年增长率达185.7%。直播电商行业主播的从业人数也在不断增长，如图4-8所示，截至2020年年底，行业内主播的从业人数已经达到123.4万人。2020年新冠肺炎疫情的发生如同催化剂激发直播电商行业的活力，市场规模相较于上年增长121%，达9610亿元。商务部监测数据显示，2020年重点监测电商平台累计直播场次数超过2400万场，累计观看人次超过1200亿人次，直播商品数超过5000万个，活跃主播数超过55万人。据百度数据，疫情期间"直播"的搜索量环比疫情前增长了120%。疫情促使直播与电商联系更紧密，强化了品牌宣传、线上销售的影响力，扩展了带货品类，大幅提升了直播电商的商户基数。

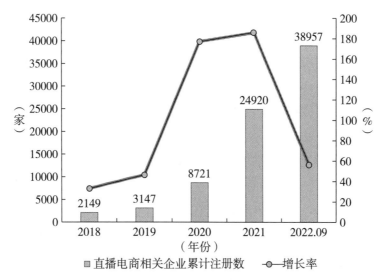

图4-7　2018—2022年9月中国直播电商相关企业累计注册数及增长率

资料来源：企查查、艾瑞咨询。

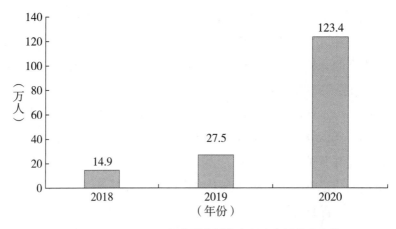

图4-8　2018—2020年中国直播电商行业主播从业人数

资料来源：https://report.iresearch.cn/report_pdf.aspx？id=3841。

普华永道发布的《2020年全球消费者洞察调研——中国报告》分析指出，数字平台的不断完善吸引了越来越多热衷于数字技术的消费者，未来消费转向网络已不可避免。新冠肺炎疫情使消费者工作、购物和娱乐的方式发生了翻天覆地的变化，消费者获取信息和娱乐的途径正逐渐从传统的大众媒体转向移动和电子设备。疫情也加速了娱乐及媒体行业的数字化转型，为中国蓬勃发展的电商产业铺平了道路，使其可以在未来满足更加广泛的用户群体。

（二）电商平台内容化，内容平台电商化

1.电商平台内容化

马云在2019年就曾提到，每晚大约有1700万人逛淘宝但是并不消费。用户的需求并不总是明确的，尤其是当消费具有了一定的情感和精神价值而不仅仅是功能性价值时，用户在"逛"的过程中会产生新的需求。

为了在用户需求不明确的情况下主动将更匹配用户潜在需求的商品呈现在用户面前，千人千面的推荐算法变得尤其重要，而该算法已经被应用到了各大主流电商平台。

电商平台内容化是另一个解决用户需求不明确时购物问题的手段，为了更好地满足用户"逛"的需求，商品被用图文、短视频等形态包装成有消费价值的内容，并被推送给匹配的用户。早在2016年淘宝就启动了内容化战略，联动平台商家开始探索如何利用图文、短视频和直播等内容形态来补充和改造已有的电商业务，力图将淘宝平台的核心价值从交易（淘宝和支付宝）和履约（菜鸟）环节进一步拓展到发现和决策环节。如图4-9所示，2020年年底手机淘宝正式改版，将打造图文和短视频种草社区的"逛逛"放在了底部菜单栏的第二顺位。截至2021年12月，"逛逛"月活跃用户数

量超过2.5亿人，每月已经有超过一半的用户在淘宝浏览内容，用户消费内容的时长占淘宝使用时长的比例已经超过1/3。拼多多在2022年将短视频的入口"多多视频"放在了App底部菜单栏的第二顺位。

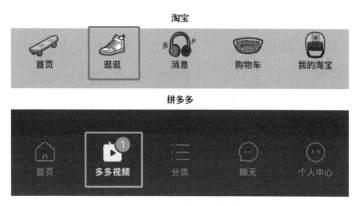

图4-9　淘宝和拼多多界面展示

2. 内容平台电商化

相比于电商平台利用内容化提升用户使用频次和使用时长，不存在流量焦虑的内容平台将电商作为一种变现手段，也就是内容平台的电商化。这样一来，平台和内容创作者自然就有动力将自己手上的流量转化为购物用户，从而进一步释放用户的价值。

内容电商快速发展，其中，直播带货逐步成为品牌新的增长点。内容电商通过社交平台互动或者与产品使用场景相关的内容输出来激发用户的购买需求。目前部分代表性的内容电商以短视频和直播为主要内容载体，而有的则通过图文形式发布购买体验分享来实现推广。《中国互联网络发展状况统计报告》显示，截至2021年6月，我国网民规模达到了10.11亿人，其中，短视频用户规模达8.88亿人，占整体网民的87.8%，短视频人均单日使用时长超过2小时。面对流量线上迁移以及电商平台多元化的现象，品牌公司积极参与布局，其中，由于大众品牌、潮流品牌以及鞋服品牌更加适宜内容电商销售模式，因此近几年线上销售占比持续提升。

快手和抖音的电商业务于2018—2019年启动，并且增长迅猛。快手的定位是信任电商，即在创作者与消费者之间通过内容与互动沉淀信任，打造高价值的私域流量，通过引入品牌、产业带好物等满足粉丝的购物需求。抖音则定位为兴趣电商，侧重利用算法来挖掘和激发用户的潜在购买需求，在形态上则是直播和短视频带货并重。从结果来看，快手和抖音都比较成功地引导用户形成了在平台内购物的习惯。根据快手大数据研究院发布的《致披荆斩棘的你——2020快手内容生态半年报》，快手直播的日活跃用户数量超过1.7亿人，其中，电商日活跃用户数量已突破1亿人。

（三）服装电商带动相关领域协同发展

我国服装电商的繁荣发展离不开其他相关配套产业的支撑。服装电商从客户需求、设计、生产、库存、营销、运输、配送以及售后服务、资金交易等各个环节，都需要实现信息的共享、硬件设施配套的完善及专业人才的支持。特别是近年来个性化定制的需求，使传统服装行业的管理模式与营销手段不断革新与应用。其所涉及的相关领域也不得不打破传统的格局，以满足不断变化的电子商务需求。

1. 服装行业

传统服装零售业主要是基于实体店进行服装经营活动的零售企业，主要以超市、批发市场、连锁店为经营形式。近年来电商发展迅速，消费者渐渐养成了网络购物的习惯，各大服装品牌线上发展增速均快于线下。实体店销量下滑，导致了大规模的"关门潮"，使传统服装零售业不得不进行革新以求生存。

（1）拓展新模式，线上线下协同发展。

在电子商务快速发展的时代，传统服装零售可以以实体店为主、线上网店发展为辅。优衣库就充分利用了线上的优势带动了线下的发展，优衣库采取全渠道库存互通的模式，顾客可以在电子POP（Point of Purchase，卖点广告）"优衣码"的技术支撑下，在线上任意渠道下单，前往门店自提、试穿以及退换货，以线上渠道的优惠价格，获得实体店准确便捷的服务。对于服装行业来说，随着消费者消费行为的转变，实体零售的存在还是必要的。实体店铺是将高端的服装和当季的最新款服装作为主要销售产品进行销售，并利用网络店铺进行宣传；而网络店铺的销售则是在提供以上服装产品的同时，加入中低端促销和过季打折服装。这样消费者可以在网络店铺上了解当季流行的款式并在实体店中试穿，而商家又能通过价格较为低廉的服装为店铺引流。因此，商家可以采用线上销售辅助的方式吸引消费者到线下体验，为传统服装零售赋新能。

（2）提升实体门店的数字化和体验感。

虽然电商的肆虐使实体店闭店潮来势汹汹，但因实体店不可替代的体验感，实体门店不但不会消失，反而会以另一种崭新的姿态出现。而新零售环境的演变让实体门店不再是简单的售货中心，而是向商品的自提中心和配送中心、顾客的社交中心和体验中心转变。因此，服装行业的决策者需要考虑如何在商品和服务之间、体验和效率之间、门店的数字化与物理性之间进行转化和升级。早在2014年，波司登就通过万店掌实现了旗下品牌实体门店的数字化管理，以客流分析系统精准地记录和统计各个时间段、各个门店、各个地区的客流量，以个性化需求的精准营销，实现整体门店的效率提升和体验升级。没有互联网思维的传统实体店很难生存，接下来，实体门店的数字化升级、体验化转型势在必行。

2. 物流行业

物流是配合服装供应链执行的一个环节，根据供应链前期的战略定位，将规划实施落地。物流的价值体现在：提供精准的供应链执行能力，如订单执行率、库存准确率、出货准确率，提高供应链运行效率，如运输准时送达率。服装企业明显的季节性特点和短暂的流行周期，造成了其多品类、小批量、多频次的物流特点。要做好服装物流，精益化的运营、专业经验的沉淀、全国性的网络就非常重要。消费者在网上购物后，产生的大量快递对物流发起了巨大的挑战，同时也带来了许多机遇。2021年3月，《商务部办公厅　国家邮政局办公室关于印发电子商务与快递物流协同发展典型经验做法的通知》发布，以上海市为例，为了提高科技应用水平，上海市推动人工智能赋能物流行业，以智能传感器、智能机器人、无人驾驶等技术为引领，推动物流行业的智能化升级；稳步推进智慧物流示范基地建设，无人机、无人仓、无人分拣技术已在部分区域应用。浙江省加快推进智能传感器、工业机器人等智能产品在物流领域中的应用，智能搬运车等物流装备入选省级首台（套）装备产品名单。以北京为例，为了加强规划引领，保障电子商务快递物流基础设施用地，北京市将快递服务设施及用地纳入本市物流专项规划、物流业提升行动计划，统筹规划全市"物流基地＋物流中心（园区）＋末端配送网点"三级物流体系，并通过优化存量土地资源，新建与改造相结合，推动三级物流体系及配套基础设施建设。依托电商行业，物流行业可以在自动化、绿色化、无人化、智能化的路上走得更顺畅。

3. 第三方支付行业

第三方支付是伴随电子商务产生的一种金融业态，作为电子商务支付方式中的重要环节，伴随着电子商务的发展，第三方支付服务已经进入人们的日常生活，并极大提高了电子商务支付环节的便利性和安全性，是支撑整个产品体系和交易体系的重要通道。第三方支付是一些实力雄厚或信誉情况良好的第三方机构，通过与各大银行签订合约，为电子商务活动中的买家和卖家提供现金结算和转账等金融交易行为。客户在商家选购商品，向商家发出购物要求，达成交易；商家将支付信息发送至第三方支付平台；第三方支付平台将支付登录信息发送给银行；买家核对相应信息，登录银行网站进行支付；银行在核对相应信息后，将货款转到第三方支付平台；第三方支付平台核对信息后，向商家提醒已收款，并要求其发货；商家向客户发货，客户在收到货品后，如果满意则向第三方支付平台提出付款要求；如果不满意则向第三方支付平台提出退款要求；第三方支付平台与商家核实客户需求，并做出相关资金划转行为。

第三方支付已经嵌入了人们的生活场景，与生活之间的黏性越来越大。未来第三方支付将仍旧保持增长态势。首先，交易规模将逐年递增。近年来，我国国家经济转型、支付创新、支付习惯养成等为第三方支付行业带来了发展契机。未来，第三方支付的职场规模将继续保持增长。随着互联网环境的不断发展，第三方支付行业也将取得较快的增长速度，具有广阔的发展前景。其次，第三方支付将成为电子商务支付的重要内容。我国电子商务发展正处于黄金时期，以电商平台为主的消费模式将成为未来的主要消费方式，互联网金融和电子商务融合发展，促进第三方支付行业享受电商发展红利。

（四）服装电商呈现产业集群现象

以下内容是对天猫、淘宝、京东三大电商平台数据的统计分析。

1. 卖家结构

从数据来看，淘宝平台55%的卖家年销售额低于十万元，仅有0.03%的卖家年销售额过亿元；京东平台销售额过亿元的卖家占比0.72%，在三个平台中最高，头部效应明显；天猫平台销售额过亿元的卖家数量最多，但占比仅有0.27%，大多数卖家的销售额在10万元至100万元的区间内，卖家结构较为平衡。

2. 卖家分布

当前电商平台的服装卖家主要分布在东部沿海地区，有向内陆延伸的趋势，但向西发展动力尚不足。东北、新疆、青藏地区的卖家数量较少，主要受当地特殊市场需求和特色资源推动（如新疆棉花、羊毛），但由于缺乏完整的产业链配套条件，这些地区服装电商的进一步发展受到阻碍。湖北、湖南、江西、安徽等地受益于沿海地区产业逐步外溢，服装电商产业得到了一定的发展。江苏、浙江、福建、广东服装电商产业成熟度更高，同时也是服装卖家集中的地区。

3. 销售额

2020年，浙江省服饰品类的电商销售总额领跑全国，达1239.71亿元；其次是广东省，销售总额达1013.23亿元。全国服饰品类的电商销售总额超过百亿元的省（市）有6个，除浙江、广东外，分别是福建、上海、江苏、北京。

2020年，天猫、京东、淘宝三大平台服饰品类的销售总额超过百亿元的城市有11个，分别是上海、泉州、杭州、广州、深圳、金华、厦门、苏州、嘉兴、北京和东莞，其中排名前三的城市分别是上海、泉州和杭州。

第三节　促销高峰期给服装电商物流带来的挑战

服装电商是电子商务的主要细分产物，从数据角度观察，服装产品多年稳居电子商务零售系统的"第一宝座"。因服装产品本身具有类型丰富性、品牌多样性、功能差异性等特点，产品范畴内的庞大细分体系，更增加了服装电商运营难度。有效实现服装电商"产、供、运、销、管"各环节整合，是现阶段我国服装电商的主要发展目标，但在实现这个目标的过程中，我国服装电商面临着许多挑战。

一、服装电商促销高峰期

据行业统计数据，约有90%的电商成交商品是在各种各样的促销形式之下完成的。除了日常促销，大大小小的促销"节"，更是贯穿全年。根据电商促销时流量的不同，可将促销活动的等级划分为S级、A级、B级。通常S级指的是平台级大促，比如"双十一""6·18"这种；A级指的是行业类目级促销，如3C数码节、新风尚等；B级指的是店铺级常规促销活动。

（一）"双十一"

"双十一"是阿里巴巴2009年创造的购物节。11月是传统零售淡季，夹在国庆和年末两个购物黄金时段之间。阿里巴巴特意创造"双十一"，以大促销的形式来帮助商家缓解销售业绩不理想的问题。"双十一"改变了零售的季节性规律，把11月变成了销售旺季。

目前"双十一"大促节奏分化，电商平台11月1日"开门红"进一步分流了"双十一"当天业务量的峰值，业务"双高峰"成为电商平台"双十一"促销的一种常态，有效缓解了邮政快递企业旺季期间快递揽收量陡增的压力。受新冠肺炎疫情和全球经济格局的影响，消费者对风险的预期有所变化，消费态度趋于理性，全网比价、重视性价比成为主流消费趋势。2022年电商平台敏锐地察觉出了消费者心态的变化，较2021年"双十一"纷纷提高了优惠力度，如表4-1所示。

表4-1　　　　　　　　　主流平台"双十一"优惠对比

平台	2021年"双十一"	2022年"双十一"
天猫	85折：跨店每满200减30	83折：跨店每满300减50
京东	87折/94折：每满300减40，每满1000减60	82折/9折双档位促销活动：每满299减50、每满1000减100
抖音	跨店满返封顶85折	85折：跨店每满200减30

2009—2022年，"双十一"全网销售额如图4-10所示。2022年"双十一"全网销售额达11154亿元，与2021年9523亿元相比，增长17.1%。

分平台来看，2022年"双十一"期间，综合电商平台销售总额达9340亿元，同比

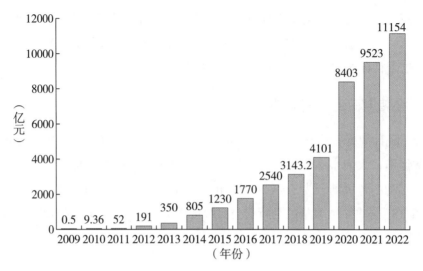

图4-10　2009—2022年"双十一"全网销售额

资料来源：星图数据。

增长2.9%，天猫以58.03%的份额占据综合电商平台榜首位置，京东紧随其后，拼多多排名第三。直播电商平台成为最大亮点，2022年"双十一"期间，直播电商累积销售额达1814亿元，占比也接近于20%，同比增长146%。新零售也有较大突破，销售额为218亿元，同比增速达两位数以上，美团闪购排名新零售平台首位，京东到家和淘鲜达以微小差距分别位列第二、第三名。社区团购整体增幅不大，总销售额为135亿元，多多买菜、美团优选、兴盛优选位居前三。

分品类来看，2022年"双十一"期间，综合电商平台全网销售额前十名分别为：家用电器、手机数码、服装、个护美妆、男/女鞋/箱包、电脑办公、食品饮料、家具建材、母婴玩具、运动户外。

（二）"6·18"

6月18日是京东的店庆日。1998年6月18日，刘强东在中关村成立京东。早期的"6·18"，京东会以店庆形式做些小的优惠活动，在2009年阿里巴巴"双十一"大促拉开序幕后，2010年京东迅速跟进，在6月18日启动了"6·18"大促。6月也是个传统销售淡季，相比11月，它缺少年底冲量甩库存的意义，因此"6·18"总体规模略低于"双十一"，但依然是目前电商的第二大购物节，也一定程度缓解了6月的零售低潮。

在消费疲软的大背景下，"简"成为"6·18"的主旋律，"6·18"取消定金立减，把烧脑的"定金立减"数学题改为了更直接的"直降预售价格"，折扣清晰明了，化繁为简，让利消费者，确保消费者不被复杂的规则吓退，如表4-2所示。

表4-2　　　　　　　　　　　主流平台"6·18"优惠对比

平台名称	2021年"6·18"	2022年"6·18"	变化
天猫	● 满200-30 ● 惊喜红包发放时间：6.14—6.16 ● 超级红包发放时间：5.29—6.20	● 满300-50 ● 惊喜红包发放时间：5.30、6.1、6.15、6.17、6.18 ● 超级红包发放时间：5.29—6.20	优惠力度、促销时长均提高
京东	● 满200-30 ● 预售优惠+超级秒杀	● 满299-50 ● 限时总价促销：两件8折/3件7折	优惠力度提高
拼多多	● 百亿补贴 ● 大牌神券 ● 砸金蛋 ● 限时秒88元无门槛红包	● 满300返50 ● 百亿补贴 ● 大牌直降 ● 买一赠一	优惠力度提高

2018—2022年"6·18"全网销售额如图4-11所示。2022年"6·18"销售额6959亿元，较2021年的5784.8亿元增长了20.3%。

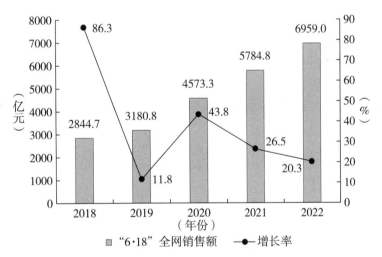

图4-11　2018—2022年"6·18"全网销售额及增长率

资料来源：星图数据。

分平台来看，2022年"6·18"期间，综合电商平台销售总额达5826亿元，同比增长0.7%。天猫占据综合电商平台榜首位置，京东紧随其后，拼多多排名第三。直播电商平台发力大促，销售总额达1445亿元，较2019年同期增长了124.1%。排名由高到低分别是抖音、快手、点淘。

分品类来看，2022年"6·18"期间，综合电商平台全网销售额前九名分别为：家用电器、美容护肤、运动户外、洗护清洁、香水彩妆、粮油调味、休闲零食、方面速食、洋酒。其中，运动户外天猫销量排名前五的分别是安踏、耐克、斐乐、李宁、阿迪达斯；京东销量排名前五的分别是耐克、李宁、阿迪达斯、尤尼克斯、安踏。

二、对物流系统带来的挑战

随着信息技术发展、消费场景的变化，在快速消费品行业，人货场已经发生了翻天覆地的变化，传统的消费场景是"人找货"，在电商时代背景下则是"货找人"——消费者足不出户即可实现轻松购物。在"货找人"的消费场景下，商家竞争越来越激烈，电商巨头们挖空心思，创造各种电商购物大促节日，如当今盛行的"双十一""双十二""6·18""中国年货节""女王节活动"等，这对商家而言是机会也是挑战。参与大促活动，代表着商家在短暂的大促期间就可实现常规销售业绩翻倍甚至几倍的增长。但大量订单却有可能让物流仓储配送系统瘫痪。

2021年由于电商平台促销模式和节奏发生变化，从往年在11月11日单轮促销变成了在11月1日和11月11日两轮促销，导致2021年整个促销期内快递业务量从"单高峰"变为"双高峰"。2021年"双十一"期间（11月1—16日），全国邮政、快递企业共揽收快递包裹68亿件，同比增长18.2%。其中，第一个高峰出现在11月1日，当日全国共揽收快递包裹5.69亿件，同比增长28.5%，超过2021年前9个月日均业务量1倍以上；第二个高峰是11月11日，当天全国共揽收快递包裹6.96亿件，稳中有升，再创历史新高。2022年是邮政快递业自2010年以来第13次迎战快递业务旺季。国家邮政局监测数据显示，11月1日至11日，全国邮政快递企业共处理快递包裹42.72亿件，日均处理量是日常业务量的1.3倍。其中11月11日当天共处理快递包裹5.52亿件，是日常业务量的1.8倍。各个企业为应对短期激增的业务量，需要增加人力、运力等产能投入，反之可能出现爆仓等问题。

（一）物流资源浪费

曲棍球棒效应（Hockey-stick Effect）又称曲棍球杆现象，是指在某一个固定的周期（月、季或年），前期销量很低，到期末销量会有一个突发性的增长，而且在连续的周期中，这种现象会周而复始，其需求曲线的形状类似于曲棍球棒。促销高峰期物流是明显的一个曲棍球棒效应。促销高峰期前后物流订单量比较少，到了促销高峰期网上购物集中，订单量突发性增长，使物流订单大量增加，形成业务高峰期。曲棍球棒身比较细，可代表促销高峰期前期的物流状态；后端比较粗大，可代表促销高峰期后期物流包裹数量猛增的状态。

目前，我国快递行业平日单日运力最多达到2000万件，而在促销高峰期呈不断上升，甚至多倍上涨趋势，全国各地快递业迎来配送高峰。突发性的订单增长使物流企业需要更多的物流人员和设施以满足顾客的需求，任务量剧增使企业全力运转依然无法满足需求，以致向外部寻求支援。服装电商SKU数量多，一个款式有几个甚至几十个规格和型号，大规模高效精准拆零拣选成为重点和难点。因此，分拣设备需要满足服装分拣的多样性要求，实现其高效、海量订单的分拣，而物流企业传统作业及刚性自动化方案难以满足波动性需求。服装物流作业需要有很强的操作能力、强大的信息系统、合理的物流设施设备及足够的员工等配合能力。这种情况使公司在订单旺季的时候要增加更多的人力和物力。到了订单淡季，多余的资源得不到安排而不得已闲置起来，造成了极大的浪费。促销高峰期物流的曲棍球棒效应是一种需求不平稳的表现，这种需求的不平稳打乱了物流企业的运作，加大了企业的物流承受压力，而这种需求的不平稳并不是终端市场需求的真实反映，而是一种需求扭曲现象。

（二）顾客满意度下降

促销高峰期各大物流公司常出现爆仓。业务量激增是导致物流公司爆仓的直接原因，而货物配送中间环节过多、"最后一公里"不畅通让大量货物滞留在仓库等问题，也加剧了爆仓的严重性。从电商物流发货流程看，首先商家需要打印快递单，整理货物并按照下单顺序进行打包。而快递员首先需要扫描快递单，其次根据快递单上的目的地进行分区处理，要说明的是，目前扫单和分区基本都是人工操作，然后快递员还要将分区相同的商品通过机器扫描后打包在一起，最后才能装货。货物先发往转运中心，经过再次扫描后才能被发往分区进行派送。所以一件货物的发货、运输、中转的各个流程都是很烦琐的，中间环节很多。另外，淘宝网店大多集中在我国的东部及南部等商品生产聚集地区，然而消费者却分布在全国各地。快递企业的运输网络在长三角地区较发达，而在中西部地区分布较少，导致中西部地区"最后一公里"配送问题严重。

这些问题对订单商品的及时送达造成考验。消费者对时效性要求越来越高，而物流公司的爆仓导致促销高峰期快递的消化时间延长、发货不及时、货物停滞时间长，促销高峰期所带来的大量订单包裹需要十天甚至更久才能处理完成，物流派送的效率相比非促销高峰期降低了很多。不仅如此，包裹大量积压导致工作人员无暇顾及服装包裹的特殊性，采用暴力分拣的方式，包裹受损率增加，影响顾客满意度。据统计，在顾客对物流企业的投诉中，因为送达晚点、延迟收货的投诉多达总数的70%以上，对物流速度慢、服务效率差的抱怨也不在少数。

（三）库存管理成本上升

为了让消费者买得安心，各个电商平台在促销高峰期都推出了一系列有利于消费者的策略，其中关于退货方面的尤为明显。像淘宝的运费险、天猫的七天无理由退货，还有京东的三年换新服务等，现在几乎已经被各个平台的商家所用。究其原因是电商平台购物的虚拟性，为了能够更好地满足消费者的需求，方便顾客退货，平台的退货策略虽存在一些细小的差异，但总的目标是期望建立便捷的退货渠道，方便顾客退货。有了这样的保障，消费者可以更便捷地实现退货，缓解了消费者对网购的担忧，同时在大型促销的优惠之下，消费者的购买力度也就加大了。这些政策实施后的结果是大促之后通常会有很多消费者退货。相关调研数据显示，在电商大促活动之后，平台的退货退款界面甚至会出现崩溃的状态。某数据平台"双十一"的数据显示，淘宝的退货率超过20%，京东的退货率约为10%，直播电商的退货率甚至高达60%。历年的电商大促活动背后，往往都伴随着不可小觑的退货数量，仓储空间被占用，且退货步骤烦琐、错误率高，影响服装快速上架二次销售。

仓库作为一个整体系统，库区、库位、动线就是仓库的基础，出入库策略是整个仓库的灵魂。合理优化这些基础的配置，改进出入库策略，才能让仓储发挥出最大的价值。尤其是在大促期间，商品、物料、包裹会比平时多很多倍。按照平常的库位规划，很可能导致的是爆品所在的库位不足，到其他的库区找临时库位存放，这样就会给后期的补货、分拣带来较大的麻烦。所以在大促期间，库位的规划需根据平台的营销策略来合理分配，尤其要对爆品的库位做好规划，甚至要给爆品单独建立一个区域来储存和分拣，这无疑增加了库存管理成本。

仓库面积大，库位多，商品SKU非常庞大，大促期间，对临时找来的员工培训工作不到位，导致员工对商品存放的区域不熟悉，容易在仓库里面乱跑、乱窜，降低作业效率。强化员工目标，让员工熟悉库内作业、善于使用工具是培训的重点。员工培训也是库存管理成本上升的原因之一。

（四）劳动力短缺

服装物流企业中至少有50%是自己的核心员工，能保证培训、复制作业能力，同时用大约40%的外包员工辅助解决一部分环节问题，以应对高峰期。

第四节　我国服装电商发展趋势

随着我国经济高速发展、科技不断进步，服装行业与科学技术的结合进一步深化，为服装电商行业注入了新鲜的血液。综合中国电子商务行业整体发展走势及服装电子商务发展现状，未来几年，服装仍将是中国电子商务市场交易的重要品类，整个服装电子商务仍将保持快速增长。与此同时，市场还将呈现以下发展趋势。

一、电商与实体结合化，逐步向新零售转型

（一）商品通

不管是线上电商还是线下实体，所有的品牌商都花费了巨额的营销投入，只为将消费者吸引到自己的货架前。对于很多商家来说，线上线下是两个场景。例如在"双十一"期间，大量的顾客来到网店消费，货却卖光了，线下店铺的货品却还堆积在那里。另一个场景就是很多品牌商在线下拥有自己的实体店，很多时候，顾客来了，却发现没有需要的尺码或颜色，但线上平台仓库里却有。在上面两个场景里，毫无疑问，商家在顾客身上花费的营销成本、运营成本等都没有实现应有的价值。

当品牌商没有办法做到后台供应链打通线上线下库存时，消费者最终获取的时效和体验都会有一定程度的降低，同时还伴随更高的物流成本。因此，很多商家转变销售方式，采用全渠道的方式——线上下单、线下提货，提升顾客转化率和库存周转率。线下试穿、线上下单将成为服装产业未来发展的重要趋势。同时，电商也在助力服饰品牌线下门店的改造，将过去的线下销售渠道，升级为品牌体验中心、客户体验中心，充分发挥线下门店的场域优势，以大数据驱动赋能门店，使其兼具服务、品牌展示、售后等更多功能属性。

（二）服务通

大多数商家认为只要将产品售出就万事大吉了，但是有很多商品，特别是贵重的服装产品，有没有很好的后续服务，能够很大程度上影响消费者的决策。部分店铺有很多收藏和浏览量，但订单量数据却不理想，很大一部分原因就是消费者对于后续服务的不确定性。

服务本身既会影响商家能否让消费者在购买一件商品的时候下定决心，提高顾客转化率，又会影响商家能否让消费者在实现第一次成功营销转化之后，持续收到品牌贡献的价值，而这大部分情况下要依赖于品牌商能否与当地所提供服务的经销商和社会化的服务商形成合作。

（三）会员通

善于并能充分利用会员资源对于品牌商发展至关重要。很多历史悠久的大品牌往往都拥有成熟的用户管理体系。但电商平台旗舰店与线下门店的会员制度却不尽相同，这就在会员管理上形成了割裂。线上拥有大量会员资源，而线下在会员运营和会员服务方面更有优势。如何融合两者的优势？这就要求商家利用线上平台快速和精准地获取大量会员信息。然后通过CRM系统解决方案，打通会员数据，让消费者体验到线下

和线上完全一致的无缝式会员权益和服务，甚至通过分析数据，提供更加有针对性的服务，从而提高消费者对于品牌的黏性和忠诚度。

二、科技助力消费者线上互动与体验感升级

（一）超个性化定制服务

个性化产品推荐或电子邮件等传统方式已被过度使用，电商进化的下一步是超个性化。卖家要洞悉每个消费者的购物偏好和行为，通过解读他们的购物体验，精准提供产品服务。

个性化对购物体验的影响有数据可证：Smart Insights 的报告显示，63%的消费者将放弃购买没有提供良好个性化服务的品牌产品；Instapage 的案例研究发现，74%的购物者不喜欢非个性化的网站内容；Accenture 的报告显示，多达91%的消费者可能选择在提供个性化建议和促销的商店购物；Segment 的报告指出，71%的顾客对非个性化的购物体验感到沮丧。

随着人工智能和机器学习盛行，超个性化已是大势所趋。以美国时尚电商 Stitch Fix 为例，其利用强大的机器学习技术来分析每个潜在购物者的购买行为和趋势，在每个购物环节为其提供个性化定制服务。使用工具收集和跟踪大数据，挖掘消费者的购物行为和变化趋势，可以帮助商家精准推送商品，有效提高转化率。

（二）虚拟场景演绎服装

不断迭代的科技持续改变世界，今后，消费者将通过更多的场景感知品牌。对此，服装品牌应当与时俱进。2022年8月，意大利牛仔时装品牌 Diesel（迪赛）上演了一场虚拟直播大秀。迪赛用 XR（Extended Reality，扩展现实）等虚拟技术把时尚走秀与直播融合，让虚拟与现实融合，这样的全新消费沟通方式，实现了场景功能性与产品的快速融合，在充分展现品牌调性的同时，还带来了更生动的消费场景。据了解，与品牌日常直播相比，本场元宇宙虚拟直播的观看人数同比增长了1900%，创下了迪赛在淘宝直播的最高纪录。

结合 XR 直播秀场、虚拟博主、NFT（Network File Transfer，网络文件传输）等前沿的科技手段，升级内容形式与品牌调性传达能力，输出品牌文化新阵地，可提升消费者忠诚度与关注度。在元宇宙的风口下，虚拟场景、虚拟数字人的应用引来了诸多关注，运用 AR 实景渲染技术打造秀场氛围，同时也打开了直播电商行业更大的想象空间。这种虚拟直播模式，通过在充满科技感与未来感的直播虚拟场景中演绎新品，同时将产品的细节细腻、动态、可视化呈现，进一步缩短了消费者的决策时间，实现由

兴趣到信任再到消费的落地。可以说，以虚拟数字人和虚拟场景为核心元素打造的虚拟直播，已经成为品牌营销的新风口。

三、服装电商市场细分化，优胜劣汰进程加快

（一）多元化需求带来服装市场细分领域机遇

随着新兴产业和多元文化的发展，人们的消费观念和消费需求也在不断变化，推动了服装行业在产品品类、功能、档次、营销模式、目标客户、服务区域分割等方面不断细分。市场的精细划分带来细分领域的发展机遇，同时促使各品牌明确自身定位，力求在深度细分市场取得差异化竞争优势。

健康功能类：受新冠肺炎疫情影响，人们的消费观念和消费习惯发生了改变，对于除菌、抗病毒类产品的需求更加强烈，抗菌、抑菌等大健康特质已成为消费者的常态化需要，健康功能类服装与家纺产品成为重要的保护屏障之一，迎来巨大的市场空间。

可持续时尚：疫情增强了人们的环保意识，绿色成为全球普及的流行色，可持续时尚不仅是一门生意，更是广大消费者在消费主义和环保主义之间做出的一场平衡，服装消费呈现出从占有到租用、从潮流到复古、从追求工艺设计到回归自然永续的多元化发展特征。

"宅"品类机遇：疫情改变了居民过去的生活方式，人们开始思考如何才能让居家生活变得更加丰富、美好、健康和舒适。这种消费心理的变化催生了运动休闲服、家居服、内衣等细分品类的市场新机遇。

进入更细分化的服装领域将是服装电商突破同质化的关键所在。只有找对适合自己的细分类目，耕耘细分市场，商家才能在波谲云诡的服装电商竞争中立于不败之地。

（二）平台持续深入产业链，加快对电商内容的优胜劣汰

由于参与直播电商竞争的商家增多，电商平台内商品同质化程度提升，流量资源成为现阶段的争抢目标之一。流量成本的上升挤压了商家的获利空间，提升供应链效能成为解决问题的途径之一。如图4-12所示，平台作为产业链中起主导作用的一环，为了提升供应链能力，将在现有基础上与更多参与方深度合作，挑选优质供应链并助力发展，赋能制造商及中小商家，提升运作效能。

此外，内容作为直播电商的驱动之一，内容质量直接影响消费者购物体验和黏性，各平台2021年陆续推出多个规范电商达人、商家、服务商等各参与方行为的细则。如淘宝推出《关于主播发布淘宝直播平台限制推广商品的实施细则》。快手打击

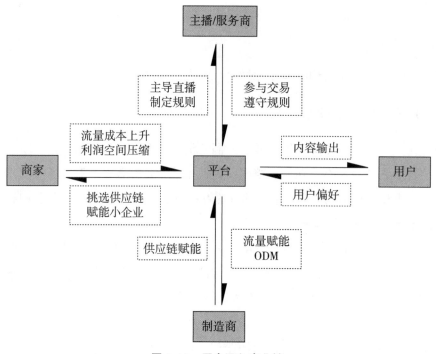

图4-12 平台深入产业链

资料来源：https://report.iresearch.cn/report_pdf.aspx? id=3841。

非合规商业推广行为，治理劣质商业作品、激励优质商业作品。截至2020年年底，快手累计清理非合规商业内容超过3万条，处罚账号人次超过1万人次；2021年2月起，升级治理力度，采用"算法＋人工审核"双重校验提升内容质量。抖音上线《电商创作者管理总则》，2021年5月生效后，近8万名电商达人因违规受处罚；上线电商达人规则考试中心，通过考试奖励信用分；2021年7月开始，每月公示因不正当竞争被治理处罚的创作者名单。

从"打击""治理"和"激励"三个层面去除现有内容中的糟粕，平台提供专项培训，与服务商联合创新内容，预计未来直播电商输出内容的质量将得到更多的重视、规范和创新。

第五章 我国服装物流发展现状与趋势

近年来，我国服装行业迅猛发展，取得了令人瞩目的进步。物流业作为支撑国民经济发展的基础性、战略性、先导性产业，在提高服装产品流通频次、降低服装企业库存成本等方面显现了巨大的效力。而对于服装物流来说，随着服装行业的转型升级，服装企业之间的竞争逐渐增强，结合时代的特点与需求的变化，服装物流不断发展，与之相关的理论、技术、设备也在不断深入和成熟。

第一节 我国服装物流发展概述

从发展历程来看，我国服装物流的发展大致可分为三大阶段，即传统服装物流发展阶段、新型服装物流发展阶段以及疫情时代服装物流发展阶段。如再进行细分，可将传统服装物流发展阶段称为服装物流1.0时代，将新型服装物流发展阶段划分为服装物流2.0时代与服装物流3.0时代。

一、传统服装物流发展阶段

2010年以前，我国服装物流发展处于传统发展过程，也可称为服装物流1.0时代。在此过程中，整个服装零售行业发展慢、变化小，服装企业和工厂规模较小。当服装产品被生产出来后，一般由服装工厂批量发至就近的专业市场，由其进行展示，而后再由全国各地的经销商采买批发到次级市场。此过程中，服装物流的组成较为单一，主要由运输和仓储环节构成。以运输为例，服装企业通过公路、铁路等运输方式，直接将产品运送到线下经销商、直营店、加盟店等零售终端陈列销售。

该过程的服装物流构成也较为简单，主要实现的是服装产品实物在多级分销商之间的移动，但由于信息周转渠道少、信息传输速度慢、物流的响应及时性程度较低，造成了制造端和消费者之间信息脱节，导致了供需不匹配、产品滞销等问题的发生。

二、新型服装物流发展阶段

2010年，垂直电商平台快速发展，服装的销售渠道逐渐形成了线上线下两套体系，从此，服装物流逐渐步入服装物流2.0时代。2016年，新零售模式被提出，服装物流的发展又迎来了新的机遇与挑战，即服装物流3.0时代。

（一）服装物流2.0时代

自2010年垂直电商平台快速发展以来，除线下的服装物流销售模式以外，线上服装电商平台逐渐兴起，线上线下相结合的销售体系逐步形成。受线上线下相结合的新型销售体系的影响，服装运输、仓储等物流过程逐渐变得复杂：在运输环节，服装除运输到经销商、直营店、加盟店等线下零售终端外，还可能直接运输到消费者手中；在仓储环节，不仅有为线下门店服务的仓库，还相继出现了为电商平台服务的仓库。

但在此发展过程中，服装企业的线上电商仓和线下门店仓基本上是独立的，各仓独立经营，信息无法实现互联互通，导致调拨周期长、物流响应不及时，长时间的产品库存让服装企业十分被动。面临这种形势，2016年，新零售模式被提出，服装物流迈入3.0时代。

（二）服装物流3.0时代

新零售模式是指企业以互联网为依托，通过运用大数据、人工智能等先进技术手段，对商品的生产、流通与销售过程进行升级改造，进而重塑业态结构与生态圈，并对线上服务、线下体验以及现代物流进行深度融合的一种模式。新零售模式的提出，使服装行业迎来了新的发展。

在此发展过程中，我国经济增速逐渐放缓，服装行业的发展面临着消费升级的挑战，市场对服装行业的小批量、个性化、快速反应的订单需求越发凸显，同时市场变革对物流升级提出了新的要求，经过近几年的解构与重组，消费、产业转型升级，定制化、次标准化、服装租赁等创新模式纷纷涌现。实物流和信息流也逐渐结合，服装的货品、价格、仓储、物流、结算实现线上线下融合。

服装物流3.0时代中，大多数服装企业实现了B2B、B2C的多仓合一和统一管理，打通了线上、线下库存，做到了线上下单、门店送货，支持方式灵活；货物离买家更近、时效更快，覆盖范围内可实现当日配送。同时，全流程物流信息基本实现了可视化与透明管理，大大提高了物流响应及时性，实现了节省时间、降低成本，提高了准确率和客户满意度。

三、疫情时代服装物流发展阶段

疫情的不断变化和影响，使国内外服装市场需求复杂多变，我国服装行业的发展面临着诸多风险和不确定性。面对这种压力与发展环境，我国服装行业内外销市场表现稳定，运行质效稳步提升，转型升级成效逐步显现，总体保持了较为平稳的发展态势。服装企业通过物流赋能企业高质量发展格局已初现规模，例如，生产物流与配送物流已通过自动化、集约化、标准化的业务，实现了流程再造。疫情过后，我国服装行业发展和用户情景迎来巨大变革，服装物流在生产、流通等各环节都面临全新的考验。

第二节　我国服装物流发展现状及特点

经过多年的发展，我国服装物流已取得了一定的成绩。同时，随着我国社会经济的不断发展、人们消费观念的不断变化，服装物流逐渐发展出了相比于其他行业不同的特点。

一、我国服装物流发展现状

（一）新零售需求快速增长

近年来受疫情影响，国内很多服装企业线下门店关闭歇业，服装企业生产经营受阻，市场需求减少、品牌订单萎缩，内外市场需求放缓，生产、销售、出口整体呈下降趋势，传统物流需求不足。然而，随着我国电商行业的迅猛发展，以及"6·18""双十一""双十二"购物节等电商活动的带动，服装电商物流需求增速却在明显加快，服装行业在线上电商平台的市场不断扩大。同时，随着直播电商、直播课堂、直播对接、社交电商等新业态、新模式的迅猛发展，推动了服装产业链从消费端到生产端全方位变革，服装电商物流市场需求进一步扩大。

（二）数字化、智能化、信息化不断发展

近年来，消费者个性化需求日益增强、电商退货率的逐渐升高、物流用工的困难度不断增加、服装供应链向拉式供应链逐步转变，在仓储、运输、运营、管理等多方面给服装物流带来了较多不确定因素。为解决以上问题，增强仓库的组织能力和拣选能力、提高运输的时效性和准时性、简化运营管理的方式和流程，智能化、数字化、信息化等先进技术成为主要手段，是服装物流的主要发展与建设方向，越来越多的自动化仓储、搬运、拣选等新型机器人，以及人工智能、大数据等新技术逐渐被应用到服装物流的各个场景。

数字化方面，在步入3.0时代后，服装物流逐渐向"高效、灵活"转变。因此，利用数字化技术缩短服装物流中各个环节的周期、避免冗杂产生的不必要的消耗、面向

消费者直接进行信息传递与数据交互是服装物流不断发展的重点。目前，不少服装品牌企业已经在商品数字化、门店数字化、营销数字化等方面发力。例如，服装企业采用RFID（Radio Frequency Identification，射频识别）技术采集门店试穿数据，深度挖掘线下销售数据价值，优衣库通过采用RFID技术实现了快速收银、防盗防损；还有企业利用服装AR场景体验，提升品牌服务水平和给予用户不同的品牌体验，如沃尔玛已在其手机端应用软件中推出AR服装试穿功能，可允许消费者将自己作为服装模特，在线上试穿各类服饰。

智能化方面，智能设备和智能管理系统在服装物流中的应用不断增加。以仓储环节为例，自动立体货架、交叉带分拣机、多层穿梭车系统等自动化物流技术装备已经在大型服装物流中心等仓储节点实现应用；WMS（Warehouse Management System，仓库管理系统）、WCS（Warehouse Control System，仓库控制系统）等系统可以将设备技术和运营业务流程相融合，更全面地统筹物流中心各类资源，包括对送取货车辆、人员、设备、时间、订单等综合因素进行优化和运算，以使物流中心更柔性、更灵活、更高效，成为运营、管理优化的有效工具。

信息化方面，服装物流的信息化是供应物流、生产物流、销售物流的结合与统一，贯穿企业物流的各个环节，具体表现为物流信息的商品化、物流信息收集的数据库化和代码化、物流信息处理的电子化和计算机化，而与之对应的条码、EDI（Electronic Data Interchange，电子数据交换）、POS（Point of Sale，销售终端）以及作为物流信息化集中体现的ERP（Enterprise Resource Planning，企业资源计划）等在服装物流中的应用逐渐广泛。

（三）服务模式不断创新

为了提高服装物流服务水平和效率，服装物流的服务模式也在不断创新。一是服装与快递快运实现了融合，形成了服装快递快运新模式。目前，服装的销售无论在线下渠道还是在线上渠道都在升级更新，商品流通速度加快，商品组货能力加快，补货、发货时效性要求提高。快递企业不再只是与线上销售联系紧密，拓展了线下多点到多点、多次售后的物流业务，线下销售也可以通过快递完成仓到店、门店到家的配送。二是服装物流"即时零售"的亮点逐步突出，形成了"服装零售+外卖"的物流新模式，该种模式在疫情期间体现出了其独特的优势，同时打破了服装电商O2O"难落地"的局面，打造出了更好的用户体验。如海澜之家上线美团，迪卡侬上线饿了么，优衣库联手顺丰同城急送推出"1小时送达"服务，斯凯奇、乔丹体育、特步等品牌陆续上线京东到家平台。

二、我国服装物流特点

（一）需求品种多、批量小、波动大

服装产品品种多，需求批量小且波动大，这是由于服装产品的消费对象主要是单独客户，消费者的个性化及需求的多样性，导致服装物流呈现出品种多、批量小的特点。此外，由于品种繁多和强烈的时尚性，使服装市场需求波动极大：新品上市，产品供不应求；但客户需求同样也存在着突发性和可变性，短时间内需求也可能发生变化。

（二）快速反应性要求高

服装本身具有强烈的季节性和短暂的流行周期。为了应对季节性、流行性的变化波动，服装物流行业必须不断加快对市场的分析和判断，并作出快速反应、适时调整，缩短时间周期，提高物流效率，最大限度地减少市场波动带来的库存挤压等问题。而随着如今服装行业市场竞争的逐渐增强，如何提高市场快速反应能力是各企业今后发展和提高的重点。

（三）精确管理复杂程度高

SKU由款式、颜色、尺码等因素决定，而服装因其款式、颜色、尺码众多，导致会生成大量的SKU，使运作管理的复杂性成指数级上涨，这也使服装物流企业对货品管理的细化提出了更高的要求。随着现代物流技术的发展，相关技术与设备为SKU的精确管理提供了支持与保障，货品周转率的提高和调拨次数的增加，大大降低了滞销品库存，并加快了畅销品的追单反应速度。

（四）退货物流量巨大

服装的季节性、潮流性、个性化需求等因素，造成了大量的服装门店返仓和线上退货等退货物流。近年来，由于电子商务的高速发展，服装企业加快线上布局，服装的线上销售量激增，电商销售模式使产品更分散、频率更高，而服装企业在互联网商城中的退换货标准更加人性化，从而产生了更多的退换货，导致服饰类商品电商平台的退货率较线下门店更高。电商平台女装的退货率在30%～50%，较高则可达60%。高退货率导致退货物流量巨大，退货物流处理难度增大。

（五）预售制逐渐兴起

随着服装行业竞争的逐步白热化以及服装电商的快速发展，倒逼"轻资产、重数

据、重运营"的服装电商品牌形成快周转的经营模式，服装预售制由此兴起。服装预售与电商平台及其他行业预售商品概念相同，是指服装正式上市前，商家将商品进行预先销售。通过预售，商家能够预先锁定顾客，不仅可以避免产能过剩造成商品滞销、库存积压，降低库存压力；还可以根据具体的预定情况合理安排生产，减少生产期间不必要的损失。总的来说，服装预售制源于行业经营环境和竞争环境的变化，是实体、电商、消费者，以及外贸等因素的共同变化带来的经营模式的选择。但某些服装电商商家利用经营优势地位，将产品备货的库存成本、时间成本完全转嫁给消费者，这种实质的不公平经营行为，也需要加以重视。

第三节　我国服装物流发展存在的问题

在快速发展的同时，我国服装物流同样也存在着一定的问题，具体体现在标准化程度低、先进技术装备应用不足、普及程度低、用工匮乏以及快速响应不及时等方面。

一、服装物流标准化程度低

目前，我国服装物流标准化程度较低，包装、运输和装卸等各物流环节相关标准仍存在许多问题，缺少必要的行业标准和规范，主要表现为以下三方面：一是基础设施和装备条件落后，与物流产业的发展要求相比仍然有较大的差距；二是服装运输较其他行业总体规模较小，各种物流设施及装备的技术水平和设施结构不尽合理、标准化程度较低，不能充分发挥现有物流设施的效率；三是物流包装标准与物流设施标准之间缺乏有效衔接，导致了物流无效作业增多，增加了物流作业成本。

此外，由于全球化的深入发展和影响，我国服装行业也逐步向国际化、全球化迈进，但与世界发达国家相比，我国服装行业的物流标准化程度差距较大，增加了服装企业的出口成本，阻碍了企业的发展。这要求我国服装物流相关技术标准、服务标准、数据标准以及作业标准向国际标准不断靠拢，加强各部门的协同合作，及时发布新标准、淘汰旧标准，做到实时与国际接轨。

二、先进技术装备应用不足

我国服装物流先进技术装备应用不足主要体现在两个方面。一是信息技术应用不足。服装相关信息贯穿物流的各个环节。在生产端，需要根据市场和需求信息，合理地调配生产资源、安排生产计划；在供应端，需要根据生产和订单信息，对服装进行快速、准确的物流管理；在销售端，需要根据销售和库存信息，及时进行配货、补货、退货和调拨。因此，服装物流尤其需要信息技术的支撑和应用，实现服装物流整体的快速反应，不仅可以降低企业的营运、销售和物流成本，还可以帮助企业缩短商品循环周期，最大限度地满足客户需要。但目前，服装物流各环节信息技术的应用不足，容易导致信息不透明、物流全程可视化较差，当物流过程中出现异常时，难以及时查看、跟进处理，难以通过订单成本管控有效地降低物流成本，也难以进行数据分析与决策支持。二是专业化物流技术装备应用不足。服装物流具有需求品种多、批量小、波动大，以及快速反应性要求高等特点，因此需要加强对专业化物流技术装备的应用，提高物流作业效率，节省物流作业成本。但是目前，服装物流相关技术装备应用不足。以储存环节为例，目前，自动化立体仓库在服装行业普及程度较低，服装电商无人仓距离大规模普及应用还有很大差距；自动化服装分拣设备及系统模块化和灵活性不足，难以在大促时期适应品种多、批量小、波动大的分拣需求；自动化包装设备应用较少，服装专用运输车创新与应用仍有不足。

三、服装物流普及程度低

根据国家统计局数据，我国2021年纺织服装、服饰业规模以上工业企业单位数达1.27万家。截至2020年年底，服装制造领域从业人数达826万人，流通领域从业人员达794万人。但大部分企业、管理者与从业人员还没有真正了解物流，没有树立清晰的物流概念，不懂得如何利用物流资源，没有认识到现代物流是服装产业优化生产、创造效益的关键环节，以致许多企业在对物流的投入上显得较为盲目。因此，企业对服装物流的认识需要进一步提升，真正地意识到物流对于服装企业的价值所在，从而充分、合理、高效地整合物流资源、利用物流资源，提升企业竞争优势。

四、服装物流用工匮乏

一是物流从业者自身的流动性较大。服装物流行业对一线操作人员的技能水平要求不高、入职的门槛也较低，多数从业者都是经过简单培训即可上岗。

二是高峰期临时用工众多。目前，在"6·18""双十一""双十二"等购物节线上大促活动期间，各大电商平台销售量激增，服装服饰作为销售占比较高的品类，大促高峰期服装物流一线工人需求暴增，劳动密集型服装仓库各岗位都面临用工荒，其中高峰期打包发货类岗位需求增幅最大。即使在同一个销售旺季或淡季内，服装制造企业获得的顾客对某款服装产品的订单波动也相当大。服装制造企业按照订单在最短的时间内生产出产品并发往各分销商处，又会面临大量的退货、换货。

三是服装行业对成本的敏感性较高。服装企业属于典型的劳动密集型产业，在生产过程中对劳动力成本较为敏感，国内纺织服装企业面临人工成本持续上升等困境，导致用工困难。

四是招聘难度较高。随着国内人口红利逐渐消退，制造业劳动力供给不足。就业观念逐渐转变，年轻劳动者更倾向于灵活工作，跳槽率高，就业难与招工难同时存在。

五、服装物流快速响应不及时

目前，市场环境的日渐复杂以及服装销售策略的不断变化等因素导致的服装物流快速响应不及时现象也极大地影响了服装物流的发展。一是服装物流销售渠道多样化，越来越多的订单将直送消费者；二是由于消费者为个体，订单数量小、种类多，呈现出碎片化、复杂化的特点，商品的出库类型越来越多，大大增加了配送难度；三是线上线下销售方式并存，分销渠道多样化，订货频率日趋提高，客户需要更快的订单响应速度。在以上因素的综合影响下，服装物流服务水平和服务效率较低，快速响应能力无法满足消费者的需求。

第四节　我国服装物流发展趋势

如今，面临劳动力成本和原材料成本持续增加、消费者个性化需求不断提高、销售场景更为多元化等多重因素带来的市场变化，我国服装物流的发展与升级需求更为迫切。

一、数字化、智能化、信息化程度进一步升级

随着互联网+、大数据、物联网、云计算、人工智能、区块链等新技术的发展，科技创新是服装物流发展的强大助力，服装物流正迎来技术变革的新时代，近几年，物流数字化、智能化、信息化也成为服装企业的主要创新方向。

数字化方面。疫情加速了服装零售渠道的更新迭代，全场景全渠道销售趋势凸显，消费需求越来越多样化、个性化，库存管理难度增加，尤其是供应链缩短导致品牌方将库存压力转嫁给了物流企业；同时消费者已经习惯精确到小时、分钟的物流预测，这对物流数字化的能力提出了更高的要求，对物流供应商的反应能力和运营效率带来新的挑战。目前不少企业已经开始将数字化作为"发力点"，通过数字化，实现精准预测市场需求和快速交付，提升企业竞争能力和服务水平，促进高时速、低时延的供应链加速形成，推动"生产端+内容端+服务端"相结合的柔性供需体系迸发升级。

智能化方面。服装企业自身的智能化升级改造，主要体现在生产端、管理端的智能自动化水平和销售端的智慧门店建设两个方面。在生产和管理流程中，自动化设备大量普及并不断进行智能化升级，基本实现了服装全流程的自动化制造；智能自动化

仓库系统、无人仓不断建设，无人叉车、AGV等物流技术装备系统的功能化模块与软件结合，推动系统柔性化发展。在销售端，人体三维扫描测量、3D服装可视化模拟设计等一系列新技术实现智能采集并分析相关数据，为产品生产和设计提供智能加持。

信息化方面。服装物流信息化可以节省服装运输、仓储、配送等多个环节的人力、财力及时间，有利于整合服装物流资源，提高服装运输效率，降低服装运营、销售和物流成本，缩短商品循环周期，提高企业对市场的反应速度。现在越来越多的企业也将WMS、TMS（Transportation Management System，运输管理系统）、ERP等物流信息化系统以及电子单证、条码、RFID等物流信息化技术运用在实际业务中，服装物流信息化管理将成为促进行业发展和企业盈利的重要力量。

二、向绿色物流与可持续发展方向转变

近十几年来，全球服装产业量爆发式增长让服装产业成为仅次于石油业的环境污染性强的产业。服装产业从原材料供应，到制造、运输，再到处理，其造成的高能耗、高污染对生态环保造成了极大的挑战。

面对以上背景，低耗高效、节能环保逐渐成为物流业践行的理念，服装物流将通过科学规划、模式创新、技术助力、材料净化等多种方式赋能绿色物流发展。通过科学规划来选址建设配送中心，形成短距离运输；通过优化作业流程，提升作业时效，实现节能降耗；通过采用循环取货的方式，实现配送中心向门店配送以及回收可循环容器和退货产品；通过信息资源共享，在配送环节一方面与多个服装厂进行共同配送尝试，另一方面与各个即时配送平台合作开展共同配送；通过采用共享快递盒、包装袋等包装容器，使服装包装材料绿色化、减量化、可循环使用；通过使用先进节能的物流技术装备，降低服装物流用能，实现绿色与可持续发展。

三、多方式、多模式、多形态共存

未来，服装物流将向着多方式、多模式、多形态共存的方向发展。其中，多方式是指物流销售方式的多样化。目前服装线下传统销售渠道、电商销售渠道、移动销售渠道三种方式共存，对物流柔性要求高。多模式是指物流服务模式的多样化。以服装配送物流为例，"线上下单、线下取货""一天一配，销一补一"等模式增多，"服装零售＋外卖"等新型模式兴起，多种运输方式也逐渐实现组合应用。多形态是指物流运作形态的多样化。随着企业之间竞争的逐渐增强，为了提高顾客的满意度，维持并提高顾客对本企业产品的忠诚度，除正向物流外，服装退货物流近年来也会逐渐发展。

总的来说，服装物流在逐渐发展过程中，将适应不同销售方式、不同服务模式以及不同物流运作形态下的需求，不断加强柔性化能力。

第六章　我国服装仓储发展情况

作为连接生产者与消费者间的纽带，仓储在整个服装供应链环节中起着至关重要的作用，实现从成衣入库以及配送至终端销售的系列流程。仓储能力直接与供应链的效率和反应速度挂钩。

随着物流向供应链管理的发展，越来越强调仓储作为供应链中的一个资源提供者的独特角色。现代"仓储"已经不再是传统意义上的"仓库"，而是物流与供应链中的调度中心，可实现仓库向物流中心的转化。

第一节　我国服装仓储发展现状及趋势

服装行业不同于其他制造业，服装产品个性化、快时尚化的特点给服装企业提出了更高的要求。为了适应变幻莫测的市场，服装企业生产的服装品种繁多、款式多样，在生产多样化商品的同时，又要保障商品能在时尚生命周期内配送至客户手中。在这种复杂仓储与严格配送时效的要求下，服装企业必须提高自身的灵活性和快速反应能力，这就要求服装企业做好服装的物流仓储作业管理工作，不断提高服装的出入库、分拣、盘点、拣选等仓储作业的工作效率。

一、服装仓储作业流程

仓储在发展的过程中经历了人工阶段、机械化阶段、自动化阶段和智能化信息集成阶段。经过各种高新技术对仓储的支持，仓储的效率得到了大幅度提高。但无论仓储技术如何革新，服装仓储作业流程一般情况下可归纳为入库、分拣、储存、拣选、出货、配送等，如图6-1所示。

入库环节是承接运输环节的仓储前端，负责对接上游供应商、车辆入库搬运等事项。分拣是将货物按品种等规则进行分门别类放置的作业，是支持送货的准备性工作。储存环节进行的盘点是仓库定期对在库货品实际数量与账面数量进行核查，通过盘点，掌握仓库真实的货品数量，为财务核算、库存控制提供依据。拣选是根据客户订单，将已经归类散放在货架上的商品成衣拣出，用于配送使用的过程。出货作业是完成商

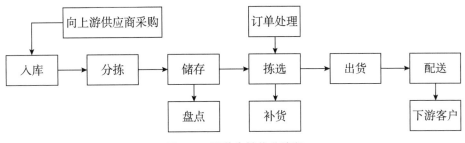

图6-1　服装仓储作业流程

资料来源：商浩鑫.中小型服装企业物流仓储管理案例优化探析［J］.浙江纺织服装职业技术学院学报，2013，12（1）：83-87.

品拣选及流通加工作业之后、送货之前的准备工作。配送作业则是仓储作业的末端，负责组织对客户的送货。

二、服装仓储行业发展趋势

（一）操作流程自动化

服装企业的销售模式有自营店、加盟店、专柜等模式，而每种销售模式下的拣货和配货方式存在很大差异，这直接导致服装企业的出入库业务流程非常复杂。此外，服装大量的款式、颜色、尺码管理使仓储运作的复杂性成倍增加。例如，由于服装产品管理特殊、种类繁多，仓库人员的不规范操作很可能导致条码不对货，严重影响出入库效率。不规范操作包括货物存放不规范、操作流程不规范、操作人员工作疏忽等，以上问题多是由于人工操作的局限性所致。因此，一套标准的自动化仓储管理操作流程对于服装企业提高物流管理水平、大幅提升企业的操作效率具有非常重要的意义，操作流程自动化问题也就成了服装物流仓储管理的关键问题之一。

（二）布局管理精益化

布局管理精益化追求将不同设备和货架的类型特征、货品分组、货位规划、人工成本内置等因素组合，以实现最佳的产品储存布局，辅助企业有效掌握商品变化，最大化节约成本。布局管理精益化能够为正在运营的仓库提高效率和节约成本，并为一个建设中的物流中心或仓库提供运营前的关键管理准备。进行布局优化时需要许多原始数据和资料，需要知道每种商品的品种编号、品种描述、材料类型、储存环境、尺寸、重量等，甚至包括客户订单的信息。一个高效的布局优化策略可以增加吞吐量、提高劳动力使用效率、减少工伤以及更好地利用空间和减少产品的破损。

（三）管理系统信息化

信息流是仓储物流的基石，优秀的管理依赖的是一套完整的计算机管理信息系统。从服装的入库、分拣、储存、拣选、出货、配送到销售退回，应按照物流流程进行规划、控制、检查，从而保证每一个环节都准确无误，并且及时提供市场销售信息的反馈情况。

不同类型、不同档次的服装在季节性、流行趋势等方面都有所不同。针对服装行业的特点，服装仓储的管理信息系统需要注意以下几点。首先，服装产品的生命周期很短、季节性很强，因此系统要支持不同季节库位管理的调整。其次，服装产品的款式、颜色、尺寸管理特殊，为了加快拣选效率，服装行业趋向于把零拣变为箱拣，越来越多地开始采用混码箱操作。供应商来货时，同一款式颜色会有数种箱，每种箱按照不同的数量比例来包装不同的尺码。季度末时，门店补货可能存在非整箱件的情况，那么剩余的混码箱就要进行拆箱、分别上架，然后按照正常的零拣来处理。这个需求的实现具有更高的难度。最后，对于一些需要进行挂装处理的服装企业，其仓储管理解决方案中还需解决与相关系统和设备的接口问题。

由此不难看出，服装仓储的管理信息系统水平的高低将直接影响仓储管理的时效性与准确性，完善的管理信息系统是服装仓储管理过程中非常重要的一环。

第二节　服装仓储拣选模式及技术

服装行业市场变化快、难预测，消费者的订单具有单笔订单小、购买时间不确定、反应时间短且严格等特征，且产品本身具有季节性，每季新增的SKU又进一步增加了仓内的运营和管理难度，导致仓储作业中拣选环节难度加大，拣选压力逐步逼近人工操作极限。此外，电商季节大促的高弹性也导致仓储临时用工需求激增。种种问题一直困扰着服装企业的仓库运营，拣选作业也成为颇受关注的作业环节。在电商、定制化需求的推动下，拣选技术成为过去20年来发展快速的物流技术之一。

一、主要拣选模式

拣选是配货人员按订单要求的商品名、规格、型号、数量等，将商品从储存的货架或货垛中取出，搬运到理货区的过程。按照不同的货物包装状态，拣选可以简单分为两种形式：整箱拣选和拆零拣选。整箱拣选是指对订单中达到整箱的货物进行拣选，而拆零拣选则是指针对不足整箱的需要拆箱的货物进行拣选。

相对于其他仓储作业，拆零拣选作业成本最高、人力耗费最大、时间占用最多，往往决定了服装仓储全过程的效率。而电子商务的快速发展、零售模式的创新以及企业经营模式（如线上线下融合的全渠道模式）的变革，带来的海量碎片化、个性化订单，更是显著提高了拆零拣选在整个仓储作业中的占比。同时，响应时效的加快进一步加大了本就复杂的拆零拣选作业难度。为了提高效率、降低成本、保证准确性，拆零拣选技术也在上述变化过程中不断创新发展。

目前的拣选技术有拣货单人工拣选、PDA（Personal Digital Assistant，个人数字助理）人工拣选、RFID人工拣选、语音拣选、穿梭车货到人拣选、机器人货到人拣选等。随着新技术的不断涌现，各种新的拣选方式也在不断出现，在物流信息化、技术化、智能化的道路上不断前进。

（一）根据拣选动作分类

拣选模式按照拣选动作顺序，可主要分为播种式、摘果式两种。

1.播种式

播种式拣选是把多份订单（多个客户的需求）集合成一批，先把其中每种商品的数量分别汇总，再按品种对所有客户进行分货，形似播种，因此称其为"播种式"。

播种式拣选特点：每次处理多份订单或多个客户；操作复杂、难度系数大。

播种式适合类型：订单品种和数量都比较多的大规模的拆零拣选。

2.摘果式

摘果式拣选法是针对每一份订单（即每个客户）进行拣选，拣货人员或设备巡回于各个货物储位，将所需的货物取出，形似摘果。

摘果式拣选特点：每人每次只处理一份订单或一个客户；简单易操作。

摘果式适合类型：当拆零拣选的品种数小，而订单客户数量巨大时，适合使用摘果式拣选。

（二）根据完成拣选作业的对象分类

拣选模式按移动对象，可分为"人到货"拣选与"货到人"拣选。

1."人到货"拣选

"人到货"拣选是应用最为普遍的传统仓储管理方式，面对单一或者海量的商品库存，普遍采取将货品按照各种规则分区、分类进行存放，然后人工前往所在地进行拣货。随着技术进步，人们实现了借助RF（Radio Frequency，无线射频）终端、语音技术、电子标签拣选技术等手段来提升拣货过程中的作业效率。在作业策略上，通过顺序拣选、边拣边分、接力、分区合并等流程来改善和优化，并配置了输送、搬运的自动化和半自动化设备来辅助。

2."货到人"拣选

"货到人"拣选，即在物流拣选过程中，人不动，货物被自动输送到拣选人员面前，供人拣选。随着人工成本的不断攀升，以及实现自动化作业的难度和成本降低，"货到人"拣选技术有了全面应用的现实基础。

（1）拣选高效。

以拆零拣选为例，"货到人"拣选每小时完成量是传统拆零拣选的8～15倍。这对于大型服装物流配送中心动辄数百人的拣选队伍来说，无疑具有巨大的优势。

高效的另一个指标是准确性。配合电子标签、RF终端、称重系统等辅助拣选系统，"货到人"拣选系统具有非常高的准确性。传统拣选系统的准确率一般徘徊在99.5%～99.9%，而"货到人"拣选系统一般可以提高一个量级，其误差可控制在5‰以内。可以从根本上去掉复核环节，从而进一步减少作业人员。

（2）储存高效。

"货到人"拣选系统由于采用立体储存和密集储存方式，所以其储存密度可以大大提高。以拆零拣选为例，传统的拣选方式作业空间最多维持在2米以内，即使采用阁楼货架系统，其空间利用率也非常有限，大致维持在25%以下，有的系统空间利用率甚至在15%以下。而采用立体储存，空间利用率可以达到45%以上。如果采用密集储存技术，空间利用率更是可以达到60%以上。考虑到大型物流配送中心的作业面积可达5万平方米以上，空间利用率大幅度提升，其经济效益将非常显著。

（3）降低劳动强度。

"货到人"拣选的另一重要优势是大幅度降低作业人员的劳动强度，是物流系统"以人为本"设计理念的具体体现。基于自动化立体仓库作业的"货到人"拣选，可以大幅度减少人工搬运。传统的"人到货"拆零拣选作业，由于作业场地很大，完成一个班次的作业往往需要走很长的路程，人工压力巨大。而"货到人"拆零拣选作业几乎没有行走路程，其作业平台充分考虑人体的舒适度，对平台高度做到随意调节，以适应不同身高作业人员的需求，劳动强度大大降低。

此外，"货到人"拣选系统还具有安全储存、快速储存等诸多优势，是传统拣选系统不可比拟的。

二、拣选模式及其方案

（一）"人到货"拣选方案

"人到货"拣选方案是在拣选作业中，货物在货架上的固定货位储存，由工作人员到达货位进行货物的拣选，即"货不动，人动"。大致可分为以下几种形式。

1. 人工按单进行拣选（纸单或PDA）

工作人员通过纸单或PDA的方式，推车或拉手动叉车到指定货位后，扫描货位及货物条码，确定完成拣货后，到达下一个指定货位，当全部订单完成后，送至扫描复核区。这一方式适合拣选场地面积小、行走距离较近、单量不大且业务变化大的场景。

该方式较为灵活，人员可根据需求及时调整作业策略，但拣选效率较低、人力成本较高，高峰时作业场地混乱。

2. 先集单，再拣选（电子标签播种）

系统按照波次或路线生成集合单，提前将订单与电子标签进行绑定，并将集合单按区域或通道等分至若干人进行拣选后，送至电子标签区再按照订单逐件扫描进行播种。这一方式适合订单重合度较高或场地面积大、拣选距离远且订单量较为稳定的业务。

该方式通过集单提升了拣选效率，电子标签提升了人工播种效率和准确率，但播种区域柔性不足，会造成平时场地浪费或高峰时场地不足，无法应对业务变化。

3. 先集单，再拣选（交叉带分拣）

系统按照波次或路线生成集合单，提前将订单与各滑道口进行绑定，再将集合单按区域或通道等分至若干人进行拣选，逐件扫描投线后，利用交叉带分拣机进行分拣。这一方式适合订单重合度较高或拣选场地面积大、拣选距离远、订单量大且业务需求稳定的业务。

该方式通过集单提升了拣选效率，分拣速度快且量大，但柔性不足，在业务量小时使用该设备，会造成产能浪费，且产能固定无法提升，并且设备需固定在场地，如需搬迁则成本过高，同时不利于场地的人流规划，一次性投资成本较高，无法分步实施。

4. 先集单，再拣选（AMR分拣）

系统按照波次或路线生成集合单，提前将订单与AMR（Autonomous Mobile Robot，自主移动机器人）各分拣口进行绑定，工作人员再将货品逐件扫描投到AMR分拣小车上，AMR分拣小车将商品投入相应分拣口，当订单完成或满箱后，再将满箱或订单完成的容器搬至打包区域。这一方式适合订单重合度较高或拣选面积大、拣选距离远、分拣面积小且业务量波动较大的业务。

该方式的拣选效率高，分拣速度快、准确率高且柔性高，可根据业务量部分开启机器人，随需调整格口数，分拣面积利用率高，场地要求低，无须固定在地面上，也可根据业务量分步实施，减少资金压力。

在以上的"人到货"拣选方案中，虽然可以通过集单拣选将人的效率提升，但增加了分拣的工作量。随着近几年新技术发展，越来越多的服装企业开始使用"货到人"拣选方案。在"货到人"拣选方案中，将人的行走距离节省到极致，并且实现一步拣选到订单，在减少操作环节和提升效率的同时，也提升了拣选的准确率。

（二）"货到人"拣选模式及方案

"货到人"拣选系统由三部分组成，即快速存取系统、输送系统和拣选系统，其核心是快速存取系统。

1. 快速存取系统

快速存取系统的自动化是实现"货到人"拣选系统正常运行的基本保证。经过长久的发展，快速存取系统也从以前单一的立体储存方式发展到现在的平面、立体、密集储存方式自由切换。储存形式也由过去主要以托盘储存转变为主要以料箱（或纸箱）储存。为了提高存取效率，多层穿梭车最早面世，此后，穿梭车系统、AMR系统、旋转货架系统等技术相继推出。

（1）穿梭车"货到人"拣选方案。

穿梭车具有耗能低、效率高、形式多样、作业灵活等优势，目前已经得到了广泛应用。穿梭车"货到人"拣选方案采用固定在地面的货架储存，储存容器为料箱，通过穿梭车在货架轨道上进行储存，并通过提升机垂直运行，与输送系统结合，自动推送到工作站进行人工拣选。穿梭车系统主要有以下几种形式。

一是多层穿梭车系统。随着多层穿梭车系统技术的不断成熟、拆零拣选作业需求的增加和作业难度的加大，近两年多层穿梭车系统得到了大量应用，是高速储存拣选解决方案的典型代表。多层穿梭车系统作业效率非常高，同时还可以大量节省人力成本。因此，多层穿梭车系统非常适用于服装电商等拆零拣选需求巨大的行业。

二是四向穿梭车系统。随着仓储业务类型的多样化、复杂化，四向穿梭车系统作为新的自动化储存技术逐渐走进人们的视野。从某种意义上说，四向穿梭车系统是多层穿梭车系统的升级，可以多向行驶，跨巷道高效、灵活作业，并且可以充分利用空间。同时，还可以按照作业流量来配置小车数量，减少设备能力的浪费，穿梭车与提升机的配合也更加灵活、柔性。由于四向穿梭车系统的能力可以线性调节，因此其适合的行业范围非常广。

三是子母穿梭车系统。子母穿梭车系统由穿梭子车、穿梭母车、行走轨道、巷道货架、垂直提升机、输送系统、自动控制系统、仓储控制系统及仓储管理软件组成，其原理为穿梭母车在货架主巷道内行驶，完成 x 方向的运动，到达特定支巷道时释放穿梭子车并继续在 x 方向运动，同时穿梭子车完成 y 方向的运动，从而节约拣选时间，加快作业速度，使用方便灵活，效率高。子母穿梭车系统为全自动密集式仓储，对仓库空间的要求较低，可以实现非连续楼层、多区域布局的全自动化储存。这种"货到人"拣选系统主要用于储存及整箱出货拣选。

以上穿梭车系统拣选效率高、库容利用率较高，可充分利用仓库上部空间，但设备刚性较强，无法灵活增减生产和储存能力，对地面要求较高、设备成本较高，一次性投资成本较大，无法分步实施且只适合叠装，不适合挂装和鞋类。

（2）AMR"货到人"拣选方案。

一是AMR货架搬运到人的拣选。AMR货架搬运到人的拣选方案采用非固定在地面的货架储存，通过AMR将货架直接搬运至工作站进行拣选，拣选人员从货架上拣选完成后，投到播种位上，每个播种位在执行任务前已与订单或订单组进行绑定，当一个播种位的一个任务完成后，系统将自动推荐与该播种墙任务关联度最高的新任务，即绑定新的订单或订单组，拣选人员继续进行拣选。此种方式，可以保证拣选人员不间断进行拣选工作，且无须走动，根据电脑提示进行拣选和投递，大大提升拣选效率和拣选准确度。

此种方式拣选效率高、储存效率高，可密集储存以减少通道；可根据业务量选择局部机器人进行运作，通过柔性作业实现模块化增减，灵活增减产能；货架与托盘共存在同一拣选区，适合不同库存深度的商品；货架的柔性化可实现在同一区域进行叠装、挂装，以及服装和鞋多种储存形式的共同储存和拣选；可随时增减实施区域，方便区域调整和搬移；高峰期可通过增加机器人和工作站，以及优化算法，来提高产能；适用多种业务场景，简化退货和理货操作；适合对拣选效率要求高且对库容有一定要求、业务波动较大并对投资回报周期要求较严格的鞋服全品类（叠装、挂装、鞋类）企业。

二是AMR单料箱搬运到人的立体拣选。AMR单料箱搬运到人的立体拣选方案是采用隔板货架进行储存，储存容器为料箱。通过AMR夹取料箱的方式，将料箱送至拣选人员面前进行拣选或放置在拣选架上进行拣选，拣选人员从料箱里拣选完成后，投到播种位上，每个播种位在执行任务前已与订单或订单组进行绑定，当一个播种位的一个任务完成后，系统将自动推荐与该播种墙任务关联度最高的新任务，即绑定新的订单或订单组，拣选人员继续进行拣选。

此种方式中，单料箱到人直接拣选，平均工位拣选效率高；库容利用率高；可与机械臂配合实现无人拣选；高峰期可通过增加机器人和工作站，以及优化算法，来提高产能；可通过柔性化工作灵活增减产能；可分步实施，无须一次性投资到位；抗风险能力强，支持设备和人工拣选；可以在阁楼和钢平台上运行，适合服装的叠装，但不适合冬装，对库容要求较高，业务波动较大。

三是AMR多料箱搬运到人的立体拣选。与单料箱相比，其搬运效率和一次性搬运的箱子数量并不成对应的比例关系，一般相同条件下多料箱机器人的搬运效率为单料箱机器人搬运效率的1.2倍左右；但是，机器人在取其他料箱时消耗的时间，会影响已经取到的料箱到达工作站的时间，订单履行时效不如单料箱机器人系统。如每台机器人拣选5个料箱，会有2个料箱需要登高拣选，单工位拣选效率不如单料箱机器人。

此种方式与单料箱搬运到人及货架搬运到人的区别是：单台机器人一次搬运料箱数量多，提升了机器人的使用率；多料箱机器人单层库容较单料箱机器人单层高；货架固定；车体大，需要的通道宽；多次登高，影响拣选效率，且不适合阁楼或钢平台，更适合拣选区域较大，搬运距离较远的商品，多料箱较单料箱机器人的单机成本较高。

四是AMR+移动货架"货到人"拣选方案。AMR搬运料箱至交接区，将料箱放置在移动货架交接区，待货架上料箱装满或分配任务完成，由货架机器人将移动货架搬运至工作站，拣选人员从移动货架上拣选完成后，投到播种位上。该移动货架任务完成后，再由货架机器人将移动货架搬至原交接区，AMR再将移动货架上的料箱搬至隔板货架上。

这一方式是将AMR的方案进一步细化，更适合拣选区域较大、对库容要求不高（交接区及接力机器人专用通道占用了一定面积），但对机器人投入数量和效率较为敏感的企业。相同产能下，与单料箱和多料箱搬运到人方案相比，该方案机器人的使用量最少，但其存在短板效应，一个环节的效率会影响整体效率。对于仓库拣选面积较大、搬运距离较远的企业来说，该方案可以减少机器人的总投入量，但对订单分布与系统任务分配的均衡性要求较高。

（3）Miniload（料箱式堆垛机自动化立体仓库）"货到人"拣选方案。

Miniload系统于20世纪八九十年代就在欧洲和日本企业得到了广泛运用。经过长期的实践，目前Miniload系统已经比较成熟，运行速度也有所提升，在行业内被普遍使用，如图6-2所示。Miniload系统有几十种货叉和运货平台，多种形式的系统能胜任很多工作场景，具有很强的普适性。

Miniload系统属于通道式货架存取系统，货架以料箱为存取工具。Miniload系统利用巷道内的自动堆垛起重机在高层货架巷道内来回运行，在接收时，产品被放置在料箱中，被传送到小型AS/RS（Automated Storage and Retrieval System，自动存取系统）的导入点；AS/RS自动将料箱储存并检索到储存缓冲区；自动分拣系统将料箱提取和存放到动态分拣位置；操作员挑选所需的库存单位/数量，并将剩余库存的料箱运回AS/RS储存位。

目前Miniload系统在电商、医药物流领域使用非常广泛。但Miniload系统依然存在一定的缺陷：每个巷道中只有一台堆垛机，一旦堆垛机出现故障，巷道两旁的货架将

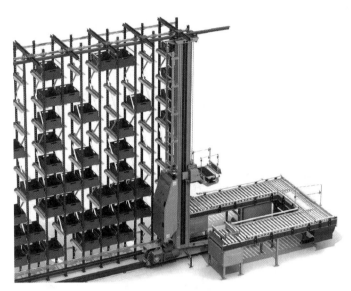

图6-2　Miniload系统

资料来源：https：//www.interlakemecalux.com/automated-storage-retrieval-systems-asrs/arsr-boxes-miniload。

无法进行上下架作业。同时，Miniload系统的作业效率直接由堆垛机的垂直和水平移动速度决定，使其缺乏灵活性。

Miniload系统的优点在于没有行进时间，因此选择率更高；消除库存和补充劳动力；产品可存放在原纸箱中；AS/RS仅需较窄的巷道，就可实现高密度储存；可在较小的仓库占地面积内容纳高库存品种。适用于需要快速订单周转或具有竞争优势的环境。但Miniload系统的吞吐能力属于中低速，且由于小负荷异步电动机的通过能力受限于机器的垂直和水平速度，因此每个通道只有有限的循环次数。

2. 输送系统

输送系统主要有叉车、输送机系统、AGV三类。叉车是通用的运输工具，应用范围也广；输送机系统主要用于货物的水平/垂直输送，也可以通过坡度进行不同楼层的传输，常用的输送机有皮带机、辊筒输送机、链式输送机、螺旋输送机等；AGV是装备有电磁或光学等自动导引装置，能够沿规定的导引路径行驶，具有安全保护以及各种移载功能，导引方式主要采用磁条、二维码、激光/图像SLAM（Simultaneous Localization and Mapping，即时定位与地图构建）等，具有行动快捷、工作效率高、结构简单、可控性强、安全性好等优势。

3. 拣选系统

拣选系统也就是拣选工作站，拣选工作站分为上下两层，上层是储存箱，下层是订单拣选箱。储存箱按照拣选箱的要求，依次从储存区送达拣选站，电子标签提示拣选数量，同时还配置计算机仿真终端。一般情况下，拣选效率可以提高5~8倍。

目前设计的拣选工作站主要采用电子标签、RFID、称重、快速输送等一系列技术，已经完全可以满足实际需求。很多著名的物流装备和系统集成企业都把拣选工作站作为研究"货到人"系统的重要内容，诞生了很多革命性的拣选工作站。

在2021年亚洲国际物流技术与运输系统展览会上，极智嘉发布了一款名为PopPick的全新"货到人"拣选解决方案。极智嘉将PopPick称为新一代"货到人"解决方案、全能型一站式"货到人"拣选解决方案。PopPick如图6-3所示。

图6-3　PopPick

资料来源：https://baijiahao.baidu.com/s?id=1716733776797054975&wfr=spider&for=pc。

一方面，PopPick可以兼容大中小型商品的拣选。其中，料箱商品从拣选工作站完成拣选；不适合放入料箱的商品则直接由搬运机器人送至拣选点，由拣货人员从拣选工作站的旁侧完成拣选，并合并播种，无须后续合单。另一方面，除了覆盖更多品类外，PopPick还支持拆零拣选、整托/箱拣选，以及集单功能。因此从形式上来看，PopPick融合了货箱、货架、托盘等所有类型的储存和拣选方式。凡是多SKU的拆零拣选，且对效率要求很高的场景，PopPick都可以满足。

首先，PopPick能够达成超高的兼容性，适配全品类、融合全场景拣选。其次，由于一次可以命中多个料箱，因此效率更高、吞吐量更大。此外PopPick采用符合人体工学的设计，拣货人员不需要弯腰或者攀高，作业更加准确、快速、舒适。最后，储存密度更高。由于拣货人员不需要将手伸进料箱，并且工作站的机械手采用吸盘而非夹具，因此货箱间距可以进一步压缩，箱与箱之间的间距仅为2厘米。

三、拣选技术发展趋势

拣选技术的发展过程，就是围绕着"人""机"两个维度不断探索提升的过程。比如探索如何减少人的行走距离、降低劳动强度、降低作业复杂性、优化拣选策略等来提高"人效"；应用各种科学技术研发适用各种货物、应用场景、能力、成本等需求的物流设备来提高"机效"。拣选技术由最初通过人携带载具去货位寻找货物、进行分类处理的"人到货"技术，到利用各种自动化设备将货物送到人面前拣选的"货到人"技术，已发展为整个拣选过程完全通过自动化方式实现的全自动拣选技术。

目前正在应用的全自动拣选技术种类较多。但总体归纳起来分为两种：其一是以A字架为基本原理的自动拆零拣选技术，其二是以堆垛机、机器人为基础的自动拆零拣选技术。

其中，以A字架为基本原理的自动拆零拣选技术应用最为广泛。这种技术的组成部分包括：A字架储存装置、物料自动弹出装置、皮带输送系统、周转箱输送系统以及自动控制系统等。由于客观条件的限制，其局限性也很明显：一是要求包装规范，且要求包装后的物品应有一定的刚度，不能有明显的变形；二是商品有一定的抗摔撞能力，不易碎；三是产品体积不宜太大或太小。因此，A字架自动分拣系统主要适应于医药、化妆品、烟草等行业的拆零拣选，对服装服饰、日用百货、图书等并不合适。此外，由于A字架受布局空间影响，拣选品种受限制，因此并不适应SKU数量太多的系统。

采用机械臂或机器人进行自动拣选，是最近几年拣选技术领域的重大进步。其实现的根本原因是3D视觉技术逐渐成熟，与2D视觉不同，3D视觉系统使机器人一举突破了对货物位置和角度识别的障碍。随着技术的进一步完善，未来机器人自动拣选将是大势所趋。

第三节　我国服装仓储设施设备、系统及平台

仓储是现代物流设备与技术的主要应用中心。软件技术、互联网技术、自动分拣技术、光导分拣技术、RFID技术、声控技术等先进的科技手段和设备的应用，为提高仓储效率提供了条件。国内服装仓储物流当前阶段主要基于自动化设备和管理信息系统的应用，通过高科技手段对其服务进行赋能，可以实现自我感知、精准决策与快速执行，做到数字化运营、智能化决策。

一、仓储设施设备

（一）自动化立体仓库

自动化立体仓库，由高层立体货架、自动堆垛机、托盘、出入库输送系统、计算机控制系统和管理系统等组成，一般是指采用几层乃至几十层高的货架储存单元货物，用相应的物料搬运设备进行货物入库和出库作业的仓库。自动化立体仓库作为现代物流仓储系统中迅速发展的一个重要组成部分，对于服装企业提高生产管理、经营管理、

仓储管理现代化水平具有重要意义。

根据货架构造分类，可将自动化立体仓库分为单元货格式立体仓库、贯通式立体仓库、自动化柜式立体仓库、条型货架立体仓库。其中，适用于服装仓储的仓库类型主要为前两种。

1. 单元货格式立体仓库

单元货格式立体仓库是一种标准格式的通用性较强的立体仓库，其特点是每层货架都由同一尺寸的货格组成，货格开口面向货架之间的通道，装取货机械在通道中行驶并能对左、右两边的货架进行装、取作业。每个货格中存放一个货物单元或组合货物单元。货架以两排为一组，组间留有通道。所以这种仓库需留有较多的通道，面积利用率不太高，但空间利用率较高。

单元货格式立体仓库可用多种起重装卸机械进行作业。一般而言，中、高层主要采用沿轨道行驶的巷道起重机，以保证能在狭窄的巷道内进行作业，低层立体仓库和中层立体仓库也采用一般叉车或高架叉车进行作业，为减少叉车转弯所需的通道宽度，叉车不从正面进行作业，而采取侧叉式叉车作业。

2. 贯通式立体仓库

贯通式立体仓库又称流动型货架仓库，贯通式立体仓库是一种密集型的仓库，这种仓库货架之间没有间隔，不留通道，货架紧靠在一起，实际上形成了一个货架组合整体。其特点在于每层货架的每列纵向贯通，类似于隧道，货物单元能依次放入隧道，排成一列。货架结构一端高一端低，使贯通的通道成一定坡度。在每层货架底部安装滑道、辊道或在货物单元装备（如货箱、托盘）底部安装轮子，货物单元便可在其自身重力作用下沿坡道高端自动向低端运动。如果单元货物容器有自行运行机构，或货架中安装有相应机构，货架也可水平安装。货架运行方式是从货架高端送入单元货物（进货），单元货物自动向低端运动，从低端出库，或单元货物从一端送入，在行走机构推动下运动到另一端。

这种立体仓库的主要优点是：货架全部紧密排列，因而仓库平面利用率和容积利用率可大幅度提高。只在高低两端进行作业，也大大节省了设备和机械的运行消耗。仓库严格实行货物的先进先出，有效防止呆滞货存在。仓库货架两端是独立的进库和出库操作区域，有利于规划仓库作业区，防止进出库作业互相干扰及管理混乱的问题，有利于文明管理和提高工作效率。这种货架储存单元货物，每单元货物有各自的托盘或货箱保护，并且不需要堆码，可减少货物的损失。各条货格通道中分别存放不同物资，所以不会发生一般仓库中不同货格混存时常见的混杂、混乱等差错事故，有利于服装此类多品种、多规格、小批量、多批次的商品进行储存和规划，有利于有秩序地进货和出货。仓库规划整齐，有利于无人自动操作和电子计算机管理。

主要缺点是：每一通道中只能存入同种物资，所以存货种类有限，也很难灵活进行储存。由于通道大小、长度一样，每一种货物储存容量大致相同，或成倍相差。因此，这种仓库往往出现某些通道货位不够、某些通道有多余货位的不平衡问题，也会降低利用率。这种仓库技术要求较高，设备制造及仓库建筑的精密度要求较高，对托盘、货箱等单元载体要求也较高，要防止重力滑动中的卡死现象，一旦卡死，故障排除难度较大。这种仓库结构是钢结构，造价较高也是其缺点之一。

（二）自动输送设备

自动输送设备包括输送、移栽、分拣、提升设备等。输送机可分为链条式、辊道式、皮带式、倍速链等，由软件设定传输路径、速度和节拍，变频控制运行速度，并有安全防护措施，保证人员和货物的安全，可满足托盘、料箱等多种物料器具平稳、连续输送作业。

悬挂输送机是一种机电一体化物料输送设备，经过十几年的发展，现在已经成为服装行业广泛应用的输送设备。智能悬挂输送分拣系统采用"底层机械设备＋中层监控系统＋上层核心管理软件"的结构模式，与生产、仓储、客户订单等管理系统相结合，通过智能空中悬挂输送分拣系统和智能地面输送分拣系统，实现不同订单下的多品类物料在空中和地面的智能高效配对、分拣与输送，满足用户的多物流功能区智能协同运作需求，实现信息化、智能化物流管理，大幅提高物料的整体输送分拣效率。

2013年，针对高档挂装西服的储存和分拣，柒牌引进了科纳普悬挂式分拣线，对挂装产品的单件分拣能力可以达到9600件/小时，其效率远高于原有的发货速度。科纳普袋式自动输送设备如图6-4所示。

图6-4 科纳普袋式自动输送设备

资料来源：https://www.knapp.com/en/blogposts/intelligent-pocket-sorter-solutions-bring-order-into-every-warehouse/。

2019年，德马科技为卡宾服饰的服装分拣中心建成了一整套输送线及交叉带系统项目，该项目属于B2B项目，箱式设备总数521台，总长大约1公里，其中包括平皮带机、倾斜皮带机、转弯皮带机、交叉带分拣机等核心产品。交叉带分拣机如图6-5所示。该项目实现了大量订单的自动、快速、精准分拣，大幅提高作业效率，缩短货物处理时间，避免人工分拣作业差错并节省了人力，为卡宾服饰解决了其销售业务量增长给物流带来的难点，为其布局未来新产品线上线下的物流供应链、提升市场竞争力提供了有力保障。

图6-5　交叉带分拣机

资料来源：https：//mp.weixin.qq.com/s/eNX1tqS05BcOhFjvlw46Pw。

二、仓储软件及系统集成

（一）服装智能仓储管理系统

仓储管理系统作为服装企业管理中的重要系统，涉及原材料的订购、生产加工、销售等生产流通各环节。仓储管理系统不仅是对服装企业生产过程中的面料、辅料、半成品和成品进行管理，更为重要的是记录仓库中所有物料的相关信息，便于对仓库的当前状态和历史状态进行跟踪。当原材料库存出现短缺时，仓储管理系统可提供自动报警服务，并根据面料的使用数量、使用频率以及服装的销售地区进行数据挖掘和市场分析，进而预测市场需求和流行趋势，为企业管理者决策提供科学依据。

由于服装企业今后将迈入小批量、多批次、多品种、快出货的现代化经营管理模式，仓库的出货种类、出货频率将不断加大。如果仍采取原有烦琐的手工操作、手工记账的方式，不仅工作效率低下、准确度得不到保证，人力、物力浪费情况严重，还不能及时采购，不能为企业领导决策提供及时准确的依据，给企业利益造成损失。因此，建立功能齐全、结构合理、使用方便的仓储管理系统，意义重大，仓储管理系统与其他系统结构如图6-6所示。

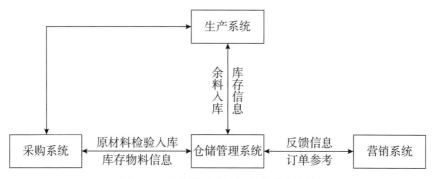

图6-6　仓储管理系统与其他系统结构

资料来源：史小玲，陈德良.浅谈服装企业的仓储管理系统规划［J］.科技信息，2010（12）：360.

WMS主要有以下三种类型，分别适用于不同的企业。

1. 独立WMS

这类系统通常使用企业自有的硬件，部署于企业本地，并可高度定制（定制成本高昂），且企业对数据和软件拥有更大的掌控权。尽管此类系统的初始成本远高于其他两种WMS，但公司享有永久所有权。此外，企业需要负责系统更新和维护，并承担相关成本。随着时间的推移，独立WMS逐渐过时，越来越难以与其他平台集成，也难以实施新技术。

2. 云端WMS

云端WMS可以实现快速部署，前期成本较低。云端WMS是一种软件即服务（Software-as-a-Service，简称SaaS）产品，不仅支持企业更灵活地满足季节性需求，有效应对不断变化的市场环境，还能够随着公司的发展轻松扩展。云端WMS可以定期更新，帮助企业加速创新。此外，企业无须操心系统的维护和更新。SaaS供应商投入大量资金和专业知识，加强安全措施，并提供灾难恢复功能。最重要的是，云端WMS还可以与其他解决方案轻松集成。

3. 与ERP或供应链平台集成的WMS

一些仓储管理系统以模块或应用的形式构建，可以与ERP或供应链平台集成。这些系统的优点在于，能够与其他解决方案在重叠的领域展开协同工作，如会计和商业智能等领域。借助这些系统，企业可以全面了解业务和物流链，提高端到端透明度，同步协调、执行仓储和物流流程。最终，这些功能可以帮助企业优化业务运营，提供快速、灵活的订单履行体验。

（二）服装智能仓储控制系统

仓库控制系统主要应用于自动化立体仓库之中，是自动化立体仓库的重要组成部分。它向上获取WMS的作业任务，向下对自动化设备下发详细操作指令，WCS的主要功能有以下几点。

1. 与仓库内系统对接，实现仓库内信息交互

对于制造业而言，WCS经常需要对接WMS、MES（Manufacturing Execution System，制造执行系统）、ERP等主要企业管理软件，WCS在整个企业信息流中属于最底层的执行层系统，它需要向上获取上层系统的指令，指导仓库作业。

2. 平稳对接现场自动化设备

WCS不是直接同硬件设备进行对接，而是通信协议和硬件设备的底层PLC（Programmable Logic Controller，可编程逻辑控制器）进行对接，进而控制设备的前进、后退等动作。南京大鹿智造的WCS曾对接过的硬件设备有：堆垛机、四项车、AGV、料箱车、输送线、机械臂、贴标机、外形检测光幕、点数机、读码器等。

3. 仓库现场监控，反馈设备状态

WCS相当于仓库现场的监控器，它能直观准确地获取立体仓库内所有硬件设备的状态、位置、预警状态以及执行任务情况。一般而言，WCS内置三维监控系统，此系统能够更直观地利用可视化的形态将仓库现场情况展示在仓管员面前。

三、云仓平台

（一）云仓的定义

从传统仓库到智能仓库再到数字仓库，仓储的模式一直在创新，用户的关注点也正从"效率"向"效益"转变，无论是决策层还是执行层，都实现了质的飞跃。云仓是指通过网络信息技术，打造仓库在线互联网平台，整合分散的闲置资源，联通全国各大仓储管理系统后台端口，实现仓库数据及时上传至云物流基础服务平台。云仓将所有仓库数据集合，通过互联网平台将资源进行优化配置，提高利用效率，释放资源价值的新兴经济形态。

在云仓的环境下，所有的仓库将掌握客户的资源流通、货物进出、财务进账等信息。而根据这些信息，云仓可以通过大数据计算分析得出客户货物的进出仓规律、销售规律、资金规律、现金流规律，甚至也能反映出全国产品市场变化和行业兴衰规律。

云仓可以说是向社会开放仓储资源和配送资源的第三方物流服务模式。商家跟云仓平台企业签订入仓协议，云仓平台根据市场销售预测数据来布局库存，商家使用云仓平台的仓库资源，将库存分配到离消费者最近的仓库。在顾客下达订单后，由云仓

平台自动选择最优仓库拣选出货，然后由其将货品送到消费者手中，最终实现对市场需求的极速反应，提高市场竞争力。

（二）云仓的模式

目前云仓的主要模式有以下几种。

1.平台类云仓（甲方私有云）

此类云仓以电商企业自建云仓为主，加盟仓为辅助，主要通过多区域的协同仓储实现整体效率最优化，根据数据分布库存，有很强的自动化订单履行能力，还会主动以货主为单位对全渠道库存分布自动进行调拨、对库存进行集中和优化，并拉动上游供应链的补货，保证电商平台的客户体验，从而提高用户的黏性。

2.物流快递企业建立的云仓（第三方公有云）

由物流快递企业建立的云仓，大多数是为了更好地实现仓配一体化。此类云仓代表企业为顺丰、EMS、百世、中通、圆通、申通、韵达等。

以中通云仓为例，中通云仓自主研发了云配项目系统、城配业务系统、全球云仓海外系统、加盟商服务平台、劳务人员管理系统、可视化监控系统等。其分布在全国的80个中心仓均实现了楼上仓储、楼下配送，没有短驳环节，实现了仓、配与物理位置上的真正一体化，且中心仓内有专用的绿色揽收通道，将仓储与配送无缝衔接在一起，包裹出库即揽，减少中间环节，实现极速发货，快递时效平均缩短12~24小时。

3.互联网化第三方仓储云仓（行业公有云）

由第三方仓储企业建立的云仓，为商家提供灵活多样的服务。它们具备规模大、自动化程度高、运营能力强、订单响应速度快、履行能力强等优势，并可以根据客户的数据，以及客户对服务和成本的要求，建议客户把库存分布在不同的仓库，让库存离用户最近，从而取得较快的送达效果，取得较低的快递成本。

江苏宝湾智慧供应链管理有限公司（简称"宝湾云仓"）是宝湾物流旗下的供应链科技公司。宝湾云仓以自动化智能仓配中心运营为核心，利用信息系统打通宝湾物流旗下仓储物流资源与全渠道平台、运输快递企业之间的数据连接，为电商企业、各类传统品牌商及制造企业客户提供第三方仓配一体化服务。在大数据及智慧系统支持下，宝湾云仓能够提供单仓发全国、多地分仓、仓间调拨、共享仓、行业仓、前置仓等多样化服务。

（三）云仓的价值

在新的云仓时代，中小型服装企业若能优先使用这样的社会资源，就能抢占市场先发优势，借力在行业格局中快速脱颖而出。云仓的主要价值体现在以下几点。

1.缩短供应链反应时间

云仓体系中高效的干线运输能力缩短了从生产商到仓库的运输时间。云仓体系除了仓库网点多、库存分布广、离顾客近外，还有强大、高效的仓库间的干线运输体系。仓配一体化缩短了仓储与配送的交接时间。在仓储与配送分开的模式中，仓库分拣好的包裹需要归集到配送总部，再统一分拨到各配送站，这就增加了仓储与配送的交接时间。在仓配一体化的模式中，仓储信息系统与配送信息系统直接对接，甚至统一编码规则，在仓库内分拣时就直接按配送站点分组与归集，拣选完之后立即配送，大大缩短了仓库、配送的交接时间。

2.降低供应的库存成本

云仓体系内共享各处库存，进一步降低了安全库存量。通常来说，分仓会增加整个供应链网络中的库存总量。但在云仓体系中，干线快速调拨能力和信息系统强大的订单选仓能力，使各分仓的库存实现共享，从而降低了整个供应链网络中的库存量。

3.提高净资产周转率

库存量下降带来库存成本下降，库存资金占用减少，提高了企业资金利用效率，从而提高净资产周转率。轻资产物流模式可减少固定资产投资额，帮助企业将资金有效地运用于关键业务中，强化核心优势，通过减少非关键性业务部门的固定投资，来提高企业净资产周转率。

第四节　现代化服装物流中心发展情况

对于服装仓储而言，商品在仓库内的储存时间往往较短，以减少资金积压，且商品的品种逐渐增多，即拣选物品的量、速度和配送点的数量都有几何级数的增长。由量变到质变，传统仓库逐渐转变为物流中心。传统仓库与物流中心的本质区别是仓库侧重于管理空间，而物流中心更侧重于管理时间（即物品周转速度）。

服装物流中心是指对服装产品进行仓储、加工、分拣、包装、配送和信息处理等物流作业的场所和组织。服装物流中心通过集成化的物流作业和信息系统，提高服装流通效率、降低服装流通的成本、提高客户服务水平和服装企业的市场竞争力。

一、现代化服装物流中心运营特点及建设模式

（一）现代化服装物流中心运营特点

1.快速响应

服装的换季、时尚款式瞬息万变，使服装市场需求预测难度加大，服装样品和退

货业务烦琐。服装本身具有强烈的季节性和短暂的流行周期，新品上市时供不应求，几个月后，人们又将目光投向了更新的款式，所以，现代化服装物流中心在商品热销的同时要保证新货的及时供应，快速响应市场需求。

一些大型服装企业，每年压在销售渠道上的货款就高达亿元。对于翻单的畅销款，只要出库就可以换成现金，这就要求服装物流中心要把握这些产品的下线时间，让这些产品第一时间到店，以最快的配送速度为企业创造效益。

2.强调单品管理

服装不仅种类多，而且同一服装颜色、尺寸也是不一样的，管理起来十分复杂，所以单品管理的思想尤为重要。单品管理是对服装企业供应链中货品管理的细化，在整个生产、营销、物流环节中，将每件货品细分到品种、款、色、码、价、面料质地等。通过单品管理，可以提高货品周转率，增加货品调拨次数，大大降低滞销品库存，加快畅销品追单反应速度。

3.强调订单处理与分拣作业

服装销售形式既有直营，又有代理、批发和加盟，客户对象既有直营门店，也有大型商场、批发市场、个体加盟户，因此每天的订单类型多样、订货时间不定、订货数量差异较大，这给订单处理、分拣作业带来难度。因此，采用合适的订货方式、订单处理系统、分拣方式、分拣技术就显得尤其关键。

4.强调库存控制

服装商品的季节性、流行性很强，导致了服装产品生命周期短。若某种款式的衣服销量低迷，则该款衣服有很大可能形成库存积压。一般来说，服装库存主要包括厂家库存和渠道库存，其中以渠道库存为主。物流中心位于渠道的核心，就如同自来水管的"总阀门"，它对于控制整个渠道的库存起到关键作用。

（二）现代化服装物流中心建设模式

从发展的角度看，物流中心对于服装企业来说必不可少，而专业服装物流中心具有很多自身独特的特点，这要求企业必须根据自身的情况来选择合适的服装物流中心建设模式。下面就针对几种主要的建设模式展开分析。

1.企业自有物流中心

企业自有物流中心是指企业独立出资建立，独立经营管理，为企业提供货物服务的物流中心，由企业自建自营的物流中心负责商品采购、库存、分配、流通加工、运输和信息沟通，根据需要在指定的时间把定量的商品送达。企业自有物流中心既可以为本公司配货，也可以为其他企业提供服务，从而创造更大的经济效益和社会效益。

此模式适用于已达到一定规模的、货物流量大、作业订单多的大型服装企业。考虑到配送收入与配送成本因素，物流中心应具有相应的配送经济规模。一般来说，判断标准应是：规模扩大使物流中心正常运转所取得的数量折扣和加速资金周转的效益，足以抵偿物流中心建设和配送设施所花费的成本。

雅鹿的运营部门为打通服装生产行业和物流行业打造了雅鹿智慧物流园。智慧物流园一期于2018年9月投入使用，如图6-7所示，布置有两个系统，分别为智能拣选输送系统与交叉分拣系统，包括自动化塑膜系统、螺旋提升系统及托盘提升系统车等设施设备。智慧物流园一期可以承载5万SKU储存量，贮存容量30万箱，年配送额达到30亿元。

图6-7 雅鹿智慧物流园一期

资料来源：https://mp.weixin.qq.com/s/9v8dCU6JMz2qtr8hkCEaXg。

2. 第三方物流中心

这种模式是指企业本身并不经营配送业务，配送业务依托第三方物流中心完成。它的一般程序是：总部与某一代理机构签订合约，通过对双方权利和义务的约定，由代理机构承担服装公司的商品配送任务。

由于我国目前的服装企业规模普遍较小，企业自有物流中心不经济，而依托第三方物流中心不仅可以有效地解决本企业投资能力不足的问题，还可以充分利用社会化物流中心的专业综合服务条件，降低控制成本，节约资金，将有限的资源集中于发展主业，实现资源的优化配置，从而强化企业的核心竞争力。同时，服装企业与第三方物流企业共担风险，更容易适应变化的外部环境。

3. 联建物流中心

联建物流中心是运用多个行业渠道的资源，联合建设物流中心，发挥各自的优势，节约物流建设投资，实现企业经营与物流中心同步发展。

目前，国内外都发展了一些联建物流中心，这种物流中心有两种不同的联合方式，一种是指一家或多家公司与物流企业联合，分别承担不同的功能，共同实现物流中心的任务，为公司和其他企业配货；另一种联建物流中心是指企业和生产企业联合，共同建设为公司和其他企业提供配货的物流中心。这种联合是流通领域向生产领域的延伸。

对于缺乏资金的国内中小型服装企业而言，联建物流中心是较为可行的选择方案。一家或多家公司与物流企业联合，一方面可以有效地节约建设投资资金，降低物流成本，提高配送的经营效益，也能推动物流企业完善功能，带动物流企业的发展，同时有利于盘活存量资产，实现资产重组，发挥各自优势，从而推动经营与物流中心的同步发展；另一方面，又提高了服装企业的流通加工和储存管理能力。

二、现代化服装物流中心发展面临的挑战

从2005年开始，以森马、海澜之家、拉夏贝尔、太平鸟、七匹狼等为代表的服装企业纷纷投资兴建现代化服装物流中心。在此期间，信息化、自动化技术与设备被引入服装物流领域，大幅提升物流中心的作业效率和管理水平。与此同时，这些物流中心也面临更多高峰期业务运营带来的挑战。比如从单一的门店配货，到电商模式兴起，及至后来的"双十一""6·18"、全渠道库存一体化以及新零售模式；订单拣选从按单拣货到按多样化的波次规则分拣、播种式分拣、边拣边分、多样化的退货分货等。

结合上述需求，传统的物流中心应基于"移动、柔性、碎片"的核心理念，进行线上线下融合规划。对纷繁复杂的各种业务模式在流程上的解构，以及本质上共性流程的碎片化时间、空间的重新组合，是物流中心规划设计的根本。如何解析组合并满足将核心理念融入规划设计，也是一个行业性挑战。

服装物流中心规划设计的业务模式解构融合流程，一直到最终应用的运营结果，都必须解构式地固化到专业信息系统中。在物流中心内部管理控制的专业信息系统会逐步向高端集成控制发展，这是行业的实践对比结果已经清晰表明了的，即集成控制能力逐步向高端的WMS转移，将技术集成控制和业务集成控制融合在WMS进行统筹运算和管控。当前物流中心管理信息系统大多还聚焦在WMS和TMS领域，面对未来挑战，服装物流中心还需要努力实践和发展更多类型的管理信息系统来支持服装仓储向未来前行。例如基于"移动、碎片、柔性"基础的劳动力资源和效率管理的信息系统、基于物流中心计划执行控制的移动看板指挥信息系统和基于线上线下融合的全程端到端服务效果管控的信息系统等。

线上线下融合的模式趋势将线上线下业务高峰进行了局部重叠，消费零售的变化发展使订单越来越碎片化。更注重线上线下服务体验的变化使得产品SKU数越来越多且库存深度越来越浅，所以业务高峰期的营运管理方法模式、效率质量控制等也是服装物流中心面临的重大挑战。

第七章　我国服装配送发展情况

配送是"配"和"送"的有机结合，是具有综合性功能的物流子系统，影响着商品的整体流通。服装配送是服装物流过程中的终端环节，是根据客户的要求，将成衣产品按时送达指定地点的物流服务活动，具体功能包括配装、配送运输、流通加工、送达服务等。

服装产品本身及服装市场的特殊性，决定了服装物流配送系统的独特性。具体来讲，服装配送具有以下特点。

一是配送管理对象的多样性。服装配送的对象是成衣产品，服装成衣具有款式、颜色、尺寸等多重属性，因而单品数量多、种类杂，从而给配送管理带来了极大的困难。

二是零售配送的快速反应性。服装本身具有强烈的季节性和短暂流行周期的特点，所以在商品热销的同时，要保证零售门店新货的及时供应，快速响应消费市场需求，保证产品在满足零售门店要求的时间段内到店，以最快的配送速度为零售企业创造效益。

三是服装配送网络的复杂性。我国从事服装商贸的企业众多，服装企业销售渠道复杂。尤其是一些大品牌的服装企业，在全国各地都有市场，销售终端既有代理又有连锁直营专卖店，对配送网络、运作水平等都提出了较高的要求。

四是服装配送系统对信息化的依赖性。服装配送的各个环节都离不开信息系统的支持。例如，由于服装成衣单品纷繁复杂、客户服务数量规模较大，配送部门必须运用相应的配送管理软件，代替以往完全依靠个人从业经验的计划方法，从而制定出科学、合理的配送策略，提高配送效率，为企业带来更大的经济效益。

第一节　我国服装配送模式

由于服装配送所服务企业的性质、运营模式等不同，对配送的要求往往存在一定的差异，因此产生了不同的配送模式。采用何种配送模式与企业的规模、产品的种类、销售渠道的构成等有直接关系。根据当前服装企业配送运行的情况，将服装配送分为自营配送、第三方配送和共同配送三种基本模式。

一、自营配送

自营配送是指物流配送系统的各个环节由企业自己筹建并组织实施管理，实现对企业内部和外部货物进行配送的模式，即企业自建物流配送系统。而服装企业的自营配送模式主要有两种。

一是"工厂—物流中心—零售门店"模式。服装企业将成衣从工厂运送到物流中心，完成配送环节的集货与储存功能；在物流中心，进行产品的分拣、包装等，当零售门店发出需求订单时，物流中心则需对零售门店进行配货。

二是"工厂—零售门店"模式。服装产品无须经过物流中心，由企业从工厂直接配送到各零售门店。从企业工厂直接配送到各零售门店的服装产品多为时尚款服装，具有极强的时尚性，时间已成为该类产品的竞争优势，产品的时尚价值远远大于其他价值，采取直接配送，可以大大节约配送时间。

自营配送的优势在于：企业能够充分利用其现有物流资源，包括企业的仓库、运输设备等；配送的各个环节易于协调与配合，系统化程度相对较高；稳定性强，可以让服装企业对供应链有更多的监控与管理，可以更容易地保持供应链稳定。

近年来，森马服饰一直十分重视物流配送体系建设，2015年成立了森马（嘉兴）物流投资有限公司，为森马电商运营多品牌提供供应链仓配服务，并将物流中心作为整合渠道资源、快速满足各品牌市场需求的关键节点。目前，森马服饰在温州、上海、嘉兴等地都建有物流产业园，物流产业园的建立为高效的自营配送服务提供了坚定的基础。

二、第三方配送

第三方配送是指由物流劳务的供方、需方之外的第三方去完成物流服务的运作方式。第三方物流企业可分为专业服务于服装物流的第三方物流企业和综合性物流企业。第三方配送的优势在于能够提供标准化的产品服务，全流程信息化程度高，有完善的产品储运、配送体系。专业公司的规模性操作能够降低成本、提高经济效益，同时也能提供更多作业和管理方面的专业知识。

服装物流的第三方配送分为运输配送和仓储物流两部分。一般来说，鞋服企业的运输配送基本都是依靠社会化的第三方物流企业实现的，因为很少有一个品牌方能够构建覆盖全国的运输网络，包括"最后一公里"配送。而且，由于我国目前大多数服装企业规模普遍较小、自建物流中心经济性较差，而通过第三方物流企业不仅可以有效地解决企业投资能力不足的问题，还可以充分利用社会化物流中心专业综合服务，降低物流成本、节约资金，将有限资源集中于发展主业，从而强化企业的核心竞争力。

第三方物流企业中，百世集团深耕服装供应链十余年。近年来，除了基础仓储运营和增值服务，百世还提供了"百世优派"服务，在百世自主研发的多系统集成化平台管理工具上，实现了一站式整合管理全市场的快递资源与服务商。根据客户与项目运作的需求，评估和制订优选快递服务解决方案，提供快递分单、库内包裹分流揽收、快递配送在途预警干预、到货签收和客服异常跟进等一站式智能快递管理服务，实现运营质量和快递管理成本的最优组合。

三、共同配送

共同配送是指多个货主在物流活动中相互配合、联合运作，共同进行理货、送货等活动，以追求配送合理化为目的的一种组织形式。

服装企业在实现整体的配送合理化、互惠互利的基础上，投资开发共同配送系统具有一定的优势。由于市场的细分，并非所有的品牌服装企业之间都存在着竞争，针对不同消费群体的服装品牌，由于产品属性的一致性，在物流配送中具有共性，且零售门店分布在一类街区，对于物流中心的设施要求都基本一致。若企业与企业采取共同配送，不仅可以提高配送车辆满载率，减少车辆空驶率，而且可以共同分担配送场地、配送运输等费用，大大降低配送的总成本。尤其是对于一些资金并不雄厚的中小型服装连锁企业，采取共同配送，不仅可以有效降低物流成本，还能获取专业化的物流服务，提高零售门店关于物流服务的客户满意度。

共同配送的核心在于共同配送的组织主体对城市配送需求的整合，通过统筹安排以提高配送效率。因此，按照组织实施主体的不同，共同配送可以划分为以自营为主的共同配送和以第三方为主的共同配送。

1. 以自营为主的共同配送

以自营为主的共同配送主要由服装企业负责集货，在达成运营机制一致的情况下，组织货物的仓储、运输、装卸等环节，合理配置资源。具体来看，又可以分为以下两种。

（1）服装企业委托统一配送模式。

在服装企业拥有自己物流中心和运输车辆的基础上、满足自己货物配送需求的情况下，委托或者受托部分其他企业的货物，共同开展配送业务，以节省配送资源。服装企业委托统一配送模式如图7-1所示。该模式主要有两种方式：一种是在服装企业自己的货物运抵目的地过程中、车辆未满载的情况下，配载其他服装企业的货物，共同运抵销售区域；另一种是在货物运抵销售区域后，为防止空车回程，配载其他货主的货物返回服装企业所在地。

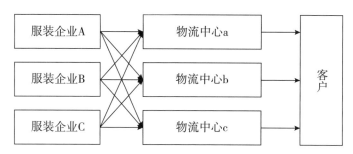

图7-1　服装企业委托统一配送模式

资料来源：韩丽娟.城市物流共同配送模式研究［D］.武汉：武汉理工大学，2013.

（2）服装企业集中统一配送模式。

多个服装企业在建立统一运营机制的基础上，将货物集中，统一包装、统一规模，在共同的物流中心进行储存，用共同提供的运输车辆，统一安排货物的运输。服装企业集中统一配送模式如图7-2所示。这种模式主要针对配送频率高、规模较小的服装企业，该类企业没有建立大型物流中心的能力，但有着强烈的共同配送需求，通过联合其他生产企业发展共同集中统一配送，以降低物流成本。

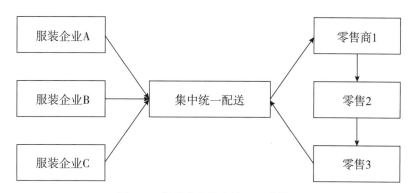

图7-2　服装企业集中统一配送模式

资料来源：韩丽娟.城市物流共同配送模式研究［D］.武汉：武汉理工大学，2013.

2.以第三方为主的共同配送

这种类型的配送模式，主要利用拥有专业配送体系的第三方物流企业进行专业化配送。以第三方为主的共同配送如图7-3所示。这种模式适用于物流竞争力不强、规模较小和刚进入市场的企业，可以帮助企业有效规避风险，提高核心业务竞争力。

根据企业实际运作过程中的要求，以第三方为主的共同配送模式又可以分为两种：一类是大型的第三方物流企业为一个区域或整个城市提供配送服务，具有特许经营的垄断性；另一类是整合多家运输公司为同一地区提供共同配送服务，具有市场合作的集约服务特点。

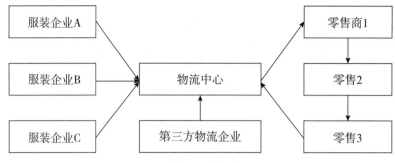

图7-3　以第三方为主的共同配送

资料来源：韩丽娟.城市物流共同配送模式研究［D］.武汉：武汉理工大学，2013.

第二节　我国服装快速响应机制发展情况

在纺织服装业，快速反应的概念在1987年由美国服装生产商协会首次提出。1988年美国纺织服装联合会对其下了一个较为明确的定义：快速反应是一种响应状态，即能够在合适的时间向客户提供合适的数量、合适价格和高质量的产品，而且在这一过程中能充分利用各种资源并减少库存。

服装配送领域实施快速反应战略的目的是缩短交货周期、加快响应市场需求。通过多频度、小批量配送方式连续补充商品，从而减少库存、促进商品流通、加快资金周转速度，使生产者有更多的资金和精力开发高质量的新产品，更好地满足消费者的需求。因此对于服装企业而言，建立快速响应机制具有重要意义。

一、快速响应机制的特征及意义

（一）快速响应机制的特征

快速响应机制具有精准把控时间、注重信息畅通、强调内外协调三个特征。

1. 精准把控时间

服装是具有高度时效性的产品，具有很强的流行性，时间是服装企业的一个竞争要素。在快速响应配送体系中，更多地强调对时间点的严格把控。从获取消费者的需求信息到消费者拿到产品的整个物流过程，始终强调的是一个准确的时间点。从这种意义上讲，时间就是企业的核心竞争力，很好地把握了时间点的价值，就把握了企业成本的关键，也就把握了企业立足于市场的关键。

2. 注重信息畅通

快速响应配送要求的是一种"拉动"式系统，只要出现信息不畅，就会导致流通瓶颈的产生，这就需要服装企业对供需信息加强管理，使信息能及时得到收集整理、分析和传递，从而减少浪费、节约成本，以保证整个服装物流的畅通。

3.强调内外协调

物流是一个有机整体。物流配送系统要运行畅通，就必须使整体的各个部分保持协调一致。服装快速响应机制的协调，对内是强调企业生产、仓储环节与配送环节的高效衔接，减少牛鞭效应，搭建起生产、仓储与销售之间的"高速路"。对外是强调供应链上下游企业要尽可能联系，实现最大限度的信息共享和协调计划。

（二）快速响应机制的意义

快速响应机制对于服装企业而言，具有重要的意义。它能够满足现代服装小批量、多品种、个性化需要，解决服装企业缺货、剩货和库存成本过高的问题，提高服装企业的竞争优势等。

1.满足现代服装小批量、多品种、个性化需要

服装市场具有品种多、变化快、多样性、季节性强、产品周期短等特点。随着社会的进步和人们生活水平的提高，消费者更多地关注自我和个性化服装服饰，小批量、多品种、高质量的生产趋势，正是适应这种趋向个性化表达的变化。快速响应机制以顾客满意为出发点，服装企业采用小批量生产，依靠与上下游企业长期可靠的伙伴关系达到及时、快速的货物运输，从而更好地满足顾客的个性化需求。

2.解决服装企业缺货、剩货和库存成本过高的问题

大多数服装企业都曾面临商品滞销、被迫降价处理，或者商品缺货、补货困难的处境。在此情境下，企业不仅要承受剩货或缺货造成的营业损失，而且其库存成本也被迫提高。为了缓解企业所面临的这些问题，服装企业采用快速响应机制，建立从制造商到零售商快速反应的物流配送通道。

3.提高服装企业的竞争优势

服装业是一个以流行时尚市场为导向的产业，建立服装快速响应机制是提高服装企业竞争力的重要途径。我国的服装企业既面临国内企业的激烈竞争，又面临国外服装巨头的挑战。实行快速响应机制，服装企业可以对市场需求做出快速反应，降低成本，提高顾客满意度，取得竞争优势。

二、快速响应机制信息系统发展情况

在知识经济时代，信息和网络成为时代特征。在快速响应机制中，变化的起源在于市场信息的变化，强调商品与信息的双向流动。要想准确、及时地把握市场脉搏，必须建立一个立体多方位、反应灵敏、传递快捷、疏漏极少的信息系统。

信息采集和处理的主要过程如图7-4所示。

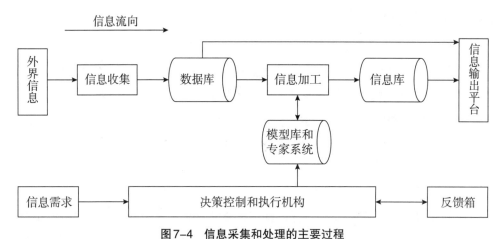

图7-4 信息采集和处理的主要过程

资料来源：付淑英，于伟东.纺织服装业快速反应系统［J］.东华大学学报（自然科学版），2001（1）：105-108，112.

信息系统主要可以分为3部分：信息收集、信息处理和信息输出。

首先是信息收集，传统的信息反应是生产链的反过程，服装销售商根据营销情况对市场预测，然后向生产商发出订单，一层一层向源头传递。因为销售商直接面对消费者，能够在一定程度上反映需求，所以销售商的信息有较强的参考价值。采用新的信息传递技术，可加快反馈速度，及时获取准确信息。此外，随着电子商务的日渐普及，线上平台也已成为一个重要的信息源。

其次对获取的信息进行分析和判断，即信息处理，去伪存真，得出来自市场变化的威胁和机遇。为了加快这一过程的反应速度，可运用各种预测模型和专家系统，如市场环境模型、消费者购买动机模拟、产品系统分析等。

最后是信息输出。信息输出包含3部分内容：一是市场的一般资料，不需要进行加工和处理，只是为企业提供及时的市场反馈；二是运用各种数据模型，对信息进行处理，对未来的市场进行预测，并提供给各相关单位；三是交互系统，根据对方的要求，进行判断、推理，向对方提供决策依据，从而将对市场的快速反应转化为对产品的快速制造。

第三节　我国服装实体店配送发展情况

我国的零售行业处于变革发展的关键时期。电商的飞速发展促使电商市场趋于饱和，流量成本、获客成本上升。而在"互联网＋"的概念提出后，线上线下的绝对界限被打破。在此背景下，线下门店似乎又重新变回了一个蓝海市场。线下门店自身的空间场景可以支撑更多的营销创意和品牌塑造，相较于线上，线下开店可以更好地服务消费者，给消费者提供一个体验区。

随着服装品牌线上线下"双线融合"的态势逐步明朗，服装实体店的配送成为不可忽视的重要一环，配送对于实体店的服务水平、服务效率至关重要。

一、传统门店模式的弊端

传统门店模式在价格、客户、产品三方面均存在一定弊端。

1. 渠道高维：价格缺少竞争力

传统门店和电商在竞争上的最大劣势就是价格，这是因为传统门店是五维的，从企业到总代理，到分区代理，到分销商，再到终端网点，每一层都会产生成本，而电商直接与企业和消费者对接，缩减了中间环节，自然减少了在中间环节损耗的成本。

2. 关系弱势：门店对客户缺乏黏性

开发一个新客户的成本远远高于对老客户的二次开发，但传统门店的生意大多是单次交易，黏性较差。消费者一旦离店，商家就会失去消费者的信息。对于商家而言，最大的危机就是客户流失。传统门店通常被动地等待客人进店，再进行销售，并且在疫情影响、电商冲击的背景下，实体经济主要缺乏的就是客流。

3. 产品有限：限制门店的销售半径与数据采集

传统门店由于店面有限，可展示的商品种类受限，无法满足消费者的全部需求。且门店数字化尚存在许多数据孤岛，无法形成有效连接。首先从数据采集层面看，企业面临一方数据采集难、三方数据质量差的困境；对于分销渠道复杂的服装品类，用户数据采集缺乏实时性与全面性。其次从数据处理层面看，数据清洗困难、各渠道数据打通不易，用户分层及用户标签的创建与数据质量息息相关，直接决定企业能否实现精准营销。最后从数据应用层面看，数智化产品在用户行为预测、销售决策等复杂建模功能上亟待优化。

二、新零售环境下的门店配送改革

（一）流量经营：从"店内局域"到"全域盘活"

传统门店是一个局限在线下店内的"局域场"，未来新一代的门店将成为打破物理界限的"广域场"，从线下到店场景延伸至线上离店场景，打造以"店"为核心的O2O流量盘。

未来消费者除了可以在线下门店购买有限空间内的精选商品，离店后还可以在线上"云货架"类的小程序上享受更丰富的商品池。因此，门店可以避免流失用户，通过互联网手段进行长效流量经营，构筑私域流量的护城河。

销售导购是新一代零售门店盘活线上线下流量的关键。未来销售导购的身份不仅仅是普通的门店店员，而且是身兼类似"团长"或"微商"的角色，甚至蜕变成为一名带货KOL（关键意见领袖）。销售导购的背后是一个智能后台系统，它提供了一系列的全链路流量经营功能，包括：通过智能自动群机器人等工具，帮助销售导购批量高效推送信息；通过捕捉用户浏览记录帮助圈定潜力下单用户，并一键唤起其聊天对话框；通过一键直播和好友拼团等功能，帮助销售导购提高销售规模；通过自动推送生日祝福等会员关怀，帮助销售导购提升用户忠诚度等。

智能后台系统的核心是精准的人货匹配系统。销售导购基于线下面对面接触经历捕捉用户特征，在用户管理操作台上进行记录；智能后台系统会根据用户浏览记录等对用户标签进行智能调优。

智能后台系统会将用户标签和"云货架"类的小程序上的商品标签进行智能匹配，精准推荐适合该用户的最优商品，帮助销售导购提高"命中率"和强化流量变现能力。

（二）门店定位：从"以大带小"到"以近带远"

门店定位正在从传统的"以城市/商圈大店辐射周边小店"，迭代成"以社区近场店获客、城市旗舰店交付"的新获客定位逻辑。

过去，连锁型门店常以"广开店"的形式抢占线下客流，在一个城市中会形成由多个大小不一的门店"以大带小"的局面。这种一城多店、密集覆盖的模式，背后却存在着同店竞争、定位重叠、经营效果打折等问题。

领先的门店已经开始采用"以近带远"的定位方式重塑获客竞争力——在核心商圈或适配地段发展城市旗舰店，主打体验、展示和交付等服务，从而形成流量漩涡；在新楼盘和老楼盘附近布局小型的近场获客店，提供快速体验和对接服务，同时为中心城市大店引流。线上则布局O2O，打造由近及远的门店布局和获客网络。

（三）供应链：从"渠道区隔"到"协同融合"

门店前端的变革趋势可以更多地被消费者直观感知，后端的供应链创新则更多地体现在门店经营效益的提升上。

随着电商和O2O的普及，门店的供应链同样呈现出多种创新模式，其中线上线下"一盘货"在新零售时代成为热点词汇之一。门店正在从原有的"渠道区隔"向"全渠道一盘货"转变，发挥线上线下全渠道潜能，最大限度提升规模效应和动销效率，实现供应链的协同融合。"一盘货"相对于"多盘货"而言，更侧重将全渠道商品库存进行统一管理，打破渠道区隔，实现库存共享和高效率的商品配送。"一盘货"模式，通过将线下门店仓和其他仓库如电商仓所能动用的库存全部集中至线上线下共享库存池，使其线上电商渠道也可以实时共享线下门店仓。电商订单因而可以实现门店发货，避免电商渠道集中销售时出现可用库存少甚至缺货的问题，在将动销效率最大化的同时优化用户的购物体验，通过就近发货提高商品配送效率。

第四节　我国服装仓配一体化发展情况

仓配一体化就是"仓储+配送"的整合，区别于单纯的仓储、运输和配送。近几年出现的仓配一体化服务是由B2C电商快速发展驱动的，作为商品销售渠道的一次革命，B2C电商的替代性超过了以前的综合性大卖场对百货公司、连锁零售企业对单个门店，电商正品、低价、支付和收货的便利性刺激着消费者的购物体验。

仓配一体化的基本模式是将收货、仓储、拣选、包装、分拣、配送等功能集成起来，由一家企业完成，服务贯穿整个供应链的始终。比起各环节独立运行的物流服务模式，仓配一体化简化了商品流通过程中的物流环节，缩短配送周期、提高物流效率，促进整个业务流程无缝对接，实现货物的实时追踪与定位，降低物流作业差错率。同时，货物周转环节的减少势必降低物流费用、降低货物破损率。

一、仓配一体化模式

仓配一体化目前主要有两种模式，单一仓发全国模式以及多仓入驻就近覆盖模式，其中，多仓入驻就近覆盖模式中应用较多的为分仓模式和前置仓模式。

（一）单一仓发全国模式

该模式即单仓布局，由总仓发往全国，如图7-5所示。

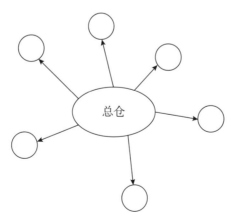

图7-5　单一仓发全国模式

资料来源：胡建.江苏邮政仓配一体化管理规划研究［D］.南京：南京邮电大学，2019.

（二）多仓入驻就近覆盖模式

该模式通过在全国多个城市设立分仓，根据分仓覆盖区域的订单数据分析结果，如购买商品的种类、数量、畅销品销售情况等，提前备货入仓。一旦发生本地仓缺货的情况，商家可从有存货的临近仓发货。该模式为中小商家提供少量多次、快进快出的最优化分仓库存方案。多仓入驻就近覆盖模式如图7-6所示。

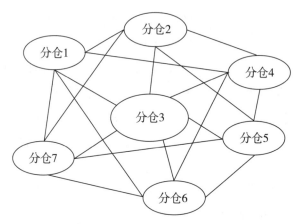

图7-6　多仓入驻就近覆盖模式

资料来源：胡建. 江苏邮政仓配一体化管理规划研究［D］. 南京：南京邮电大学，2019.

（1）分仓模式。

不同层级的分仓担任不同的角色。CDC（Central Distribution Center，中央配送中心）作为中心仓，承担全品类全功能规划；RDC（Regional Distribution Center，区域配送中心）是区域仓，承担爆款品类发货调拨功能规划；FDC（Front Distribution Center，前端配送中心）是工厂仓、产地仓，承担工厂爆款直发客户功能；而门店云仓，也叫门店仓，承担门店销售、周边社区团购、门店直播等门店所能触达的订单服务。

分仓不限于企业自己搭建，很可能是第三方的，甚至是销售平台方的仓库，可以有灵活的设备投入，主要满足快速拆零、发货以及靠近终端顾客的个性化物流服务需求。

中央仓+分仓模式的代表企业为浙江森马电子商务有限公司（以下简称"森马电商"）。森马电商将全国总仓设在嘉兴平湖，物流中心占地面积285亩，建筑面积45万平方米，仓内设置自动化输送线、分拣设备、储存设备，主要担负森马电商多品牌、全品类货品储存、中转、调拨、发货、退货处理等功能，以及负责森马线下的退货处理和部分门店配货。同时森马电商根据订单集中地，设置了华南、华北等前置仓库，后期将增设西南、华中等前置分仓。前置仓库面积通常在5000～10000平方米，覆盖仓库周边省份。货品新品入库时由生产商直送分仓，或者由总仓调拨到前置分仓，销售订单产生后直接推送到前置分仓的 WMS，直接从前置分仓出货，分仓不承担退换货功能，只承担发货功能。森马电商以此方式减少货品入库及配送时间，减少部分调拨操作，从而实现服务和成本的均衡管理。

（2）前置仓模式。

传统线上零售的物流模式以"全国仓网＋标准快递"及"RDC／城市仓＋落地配"为主。伴随新零售模式逐步推进，消费者对物流及时性和服务性诉求不断提升，逐步演化出以"店仓一体（含前置微仓）"为核心的点对点物流配送模式，以实现"点对点、分钟级"的"即时配送"。尤其是消费者对时装物流时效的要求更为严苛，店仓一体化、智能柜、前置微仓、众包快递、无人机等方式，能够解决新零售模式下的"最后一公里"难题，力求以极速取胜。

前置仓模式即商家线下实体门店作为线上订单的发货仓库，利用商家的中心仓、区域仓、前置仓以及线下实体门店搭建从点到面的发货网。前置仓模式下，线上订单优先由最近的门店发货，如果最近门店的库存不能满足，则由本区域内其他门店发货，如果其他门店也不能满足订单，则由区域仓库发货或者由中心仓库统一配送发货。退换货也可以遵循就近的原则找最近的门店解决。

当前，随着 C2B 与个性化消费的发展，仓储时间日益缩短，库存逐渐向消费者端移动。同时，新零售模式下即时消费供给本地化越来越明显，因此门店或前置仓（店）将成为物流前端支点，店仓合一的实体店（包括超市、便利店等）、前置仓将变成未来物流配送的关键点，也是决胜的战略高点。

二、仓配一体化面临的需求与挑战

（一）仓储模式全面重构升级

仓储是物流的核心环节，仓储的布局代表供应链的布局，对订单配送的效率与可得性起决定性作用。在无限追求物流服务体验的今天，有效仓储就是企业的核心竞争力。虽然大多数服装企业的客户遍布全国，但是极少企业能在全国几百个城市设置仓库，实现 100 千米左右的经济配送。即使超大企业能够支撑地市级仓的布局和建立，也无法聘用十几万人的配送队伍实现一体化配送。如果采用"自行仓储＋第三方配送"模式，所有的订单包裹还需要进入快递公司的转运中心进行二次分拨，配送周期多延迟一天，时效性就会大打折扣。因此，全国性的"多仓＋一体化配送"成为仓配一体化的基础需求。

（二）交叉竞争的新物流行业局面

快递企业网点资源丰富，顺丰、四通一达等均具有 90% 以上的县级配送覆盖能力，但要从擅长的揽件、转运、配送业务转向仓配一体、库存管理，首先面临缺乏优质高效的仓库资源的问题，大部分库房层高低，仓储作业自动化程度低。其次，WMS缺乏对商品、库存、作业的调度功能，无法满足客户对仓库运营管理的综合要求，大部分网点的客户信息系统与OMS（Ordering Management System，订单管理系统）的对接，也只局限于面单对接，达不到平台化。

而电商平台企业一旦愿意开放其物流信息接口，在业务形态、系统对接和仓配能力等方面无疑将占据绝对优势：仓库多、库存足、离顾客近且终端市场消费数据完善。但其目前面临的主要问题是：过多依赖运输外包，缺乏强大、高效的分仓干线运输能力，在补货频次、批量灵活性、干线运输成本方面处于劣势，无法与具有上万辆车的快递公司相比。尤其是在旺季，车辆资源紧张，加价率高，运能无法得到保障。为此，这类企业的解决方法是提前铺货，加大运输批量，但这反而在无形之中增加了客户的成本。

第八章 我国服装包装发展情况

包装环节作为服装成衣装车发货前的准备环节，在保护商品、营销等方面有着重大的意义。本章首先分析了我国服装包装的发展现状，而后明确服装包装相关的基本理论概念，进而对具有服装特色的包装方式以及具有物流特色的工艺流程、技术设备和绿色包装等内容作进一步介绍。

第一节 我国服装包装发展现状

服装独特的性质赋予了服装包装更多的特性，在相关概念、具体功能、主要材料、主要容器、设计原则、具体分类以及包装策略等方面产生了与普通包装不同的特点。

一、服装包装概念

包装是现代服装生产及商品流通的重要环节。作为融科学技术和艺术品位于一体，同时涉及美学、材料、力学、制造、化学、环保等多项技术的一种技术手段，包装的使用不仅是为了在储存、运输中加强对产品的保护，同时也是为了使产品在销售过程中能更好地赢得消费者的青睐，提高其商业价值。对于服装包装，可将其定义为：在服装产品运输、储存、销售的过程中用以保护服装产品外形和质量，以及为了便于识别、销售和使用服装产品而使用的特定容器、材料及辅助物等物品的总称。

二、服装包装功能

服装包装除了具有保护、提供便利、宣传和引导等基本功能，还具有美化和促销等其他功能。保护功能是指服装包装能通过避免服装遭受污染、损伤而影响外观，防止微生物、害虫的侵蚀等方式有效地保护服装的外形和质量，维护其使用价值；提供便利的功能是指服装包装便于运输、装卸和储存，便于消费者携带和使用；宣传和引导功能是指服装包装可以传递信息，在一定程度上可将包装视为产品的说明书，为消费者介绍商品，引导消费；美化和促销功能是指服装包装通过搭配对应的服装，能够直接引起消费者的兴趣和喜爱，满足消费者的审美心理需求，适合消费者的消费习惯和消费心理。

三、服装包装主要材料

目前，服装包装应用的材料主要有纸质包装和塑料包装两种，不同材料因特性不同，具有不同的优缺点。

（一）纸质包装

纸质包装材料因其主要成分构成为天然植物纤维，具有易生产、质量轻、卫生条件较好等一系列的优点，容易受到大众的青睐。

1. 纸质包装材料分类

常用的包装用纸的种类包括纸袋纸、牛皮纸、鸡皮纸、玻璃纸、羊皮纸、仿羊皮纸、瓦楞原纸、邮封纸、糖果包装纸、茶叶包装滤纸和感光防护纸等。其中，纸袋纸又称水泥袋纸，其强度较高，一般用于水泥、化肥、农药等工业品的包装；牛皮纸为高级包装纸，具有较高的耐破度和良好的耐水性，多用于纺织品、绒线等产品的包装；鸡皮纸在纺织品包装中多用作印刷商标；玻璃纸因具有透明度高、光泽性好、印刷效果佳等优势，常用于高档纺织品等产品的美化包装；瓦楞原纸可制作纸盒、纸箱及瓦楞衬垫，是制造各种瓦楞纸板及瓦楞纸箱的主要材料。

2. 纸质包装的优点

纸质包装材料本身的加工、印刷和机械性能优良，具有不透明、卫生安全性好、弹性和韧性好、品种多样、易大批量生产、质量较轻、便于运输、收缩性小、稳定性高、不易碎且易切割等多种优势。此外，因纸质包装材料多采用天然植物纤维制作，易被微生物分解，废弃物成本低，在环保方面与其他包装材料相比有不可比拟的优势，被誉为21世纪具有发展前景的绿色包装材料之一，在如今大力提倡和推广"双碳"的背景下，纸质包装材料的应用将更加广泛。

（二）塑料包装

1. 塑料包装的优点

作为目前服装包装的主要方式之一，塑料包装具有其独特的优点：一是透明性好，可以直观地看见包装内的服装，节省了开封的步骤；二是阻隔性好，对水分、水蒸气、气体的阻隔良好，可有效保护服装；三是加工性良好，易于加工成所要的形状；四是机械性能好，强度较某些金属更大；五是价格低廉，获取容易，成本较纸质包装更低。

2. 塑料包装的缺点

除了上述优点，塑料包装也具有一定的缺点：一是化学结构不稳定，在光、热等外界条件影响下，易产生有害物质，会污染内装物品，甚至对人体具有一定伤害；二是难以处理，塑料难以分解，焚烧处理后会产生有害气体，对环境易造成较大的污染。

四、服装包装主要容器

服装包装容器主要有包装袋、包装盒、包装箱等，在使用时可以根据所销售产品的特性进行相应选择。

（一）包装袋

包装袋大多由塑料薄膜或纸质材料构成，是使用最普遍的软包装材料。包装袋可分为内包装袋和外包装袋，内包装袋由无色、透明的塑胶材料制成，是最贴近服装产品的包装材料，包装时一般直接将产品折叠后装入袋中，其样式、外形、厚薄通常根据折叠后的服装而定；外包装袋质地多为厚度较厚、韧度较强的卡纸、涂塑纸及塑料材料，主要用于消费者携带服装产品，外包装袋一般装有拎绳，且表面常印有产品标志和产品介绍等相关资料，其款式设计与色彩均比较讲究。

（二）包装盒

包装盒大多采用有一定张力的薄纸板材料制成，主要用于如男式衬衫、羊毛衫、丝绸旗袍、丝绒服装等一些立体感比较强、怕挤压、折叠后需保持一定形状的服装产品。包装盒可分为折叠盒和固定盒，折叠盒通常会标明盒的规格尺寸、资料厚度、密度等，以便与产品相符；固定盒则是根据产品折叠成形后的尺寸制作而成。

包装盒的外形除了常见的立方体，也有基于服装尺寸而独特设计的圆筒包装盒，如图8-1所示的Baffs圆筒包装盒。这种包装不仅外观时尚，同样也能够确保T恤不会产生褶皱，起到了良好的保护作用。

（三）包装箱

包装箱的材质一般为多层瓦楞纸板，厚度较厚、箱体较大，可装载较多数量的服装产品，在装卸和运输过程中能对产品起到良好的保护作用。包装箱的外表面通常会印上产品的主标识和侧标识，主标识一般标有客户代号或名称、目的港、货号、颜色、规格、箱号、数量、产地等信息，侧标识一般标有产品的颜色规格与数量等信息。

图8-1　Baffs圆筒包装盒

资料来源：https://www.ipackbynewstep.com/article/7ghkdtxbzhal.html。

（四）其他配套材料

除以上几种容器，服装在包装时还需要其他对产品进行稳固、定型、支撑并起到防潮防污、防摩擦、增加美观性等作用的配套材料，主要包括衬板、衬纸、夹件、托件、支撑物、油纸以及挂装用的衣架等。

五、服装包装设计原则

随着社会和经济的发展，服装包装的设计由最初的只是为了保持服装数量与质量的完整性，转变为现在的注重产品的价值与销量。目前，服装包装设计已经成为服装行业中不可缺少的组成部分。就一般情况而言，服装包装设计分为内、外两部分，具体还可细分为衬衫包装设计、服饰包装设计、内衣包装设计、T恤包装设计等子行业类别。在对服装产品的包装进行设计时，通常会遵循以下原则。

（一）实用性

实用性是指服装产品的包装在设计时，除满足对产品的基本包装作用以外，还应该根据服装款式的产品形态、性能要求等特点，设计具有实用性的包装，使最终的设计成果既吸引消费者，又便于运输和携带。如图8-2所示，HangerPak的包装盒不仅可以满足对服装的包装，还能在经过拆解后形成纸质的衣架，增强了包装的实用性。

（二）合理性

合理性是指在服装包装设计时必须考虑产品自身价值的合理性要求，针对不同档次的服装产品，包装设计的形式、包装材料的投入均应做到恰到好处，既要考虑包装成本，又要考虑包装质量的对等。

图8-2 HangerPak包装盒的拆解应用

资料来源：https：//www.ipackbynewstep.com/article/7ghkdtxbzhal.html。

（三）环保性

环保性是指在服装包装设计时需注意包装材料的"清洁化"。包装材料的选用既要考虑产品不受污染，保证材料无毒无害、清洁卫生、色牢度强，又要达到对社会环境的环保效应，因此，应尽量考虑使用易降解的材料或可循环使用的材料。

（四）美化性

美化性是指产品包装后的效果应具备显著的对产品宣传和美化修饰的功能。在服装包装设计时，要注意统一包装的外在美和产品的内在性能，不仅要突出产品的性能特点，同时也要具有鲜明的包装特色，给消费者留下深刻的印象。如图8-3所示，瑞典服装品牌Cicatriz的T恤包装盒不仅实现了对产品的简约包装，而且在外观上以线条组合增加了产品的美观性。

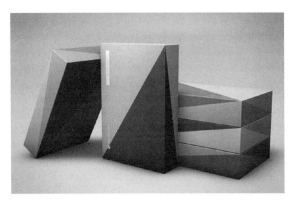

图8-3 Cicatriz包装盒

资料来源：https：//www.ipackbynewstep.com/article/7ghkdtxbzhal.html。

六、服装包装分类

（一）按包装的用途分类

按用途分类，服装包装可分为销售包装和工业包装。其中，销售包装是以销售为主要目的的包装，它起着直接保护商品的作用，包装上大多印有商标、说明、生产单位，因此又具有美化产品、宣传产品、指导消费的作用；工业包装是将大量的包装件用保护性能好的材料进行大体积包装，突出保护产品的功能，主要考虑包装的防尘、防污、防潮、防霉、防蛀、防破损等作用。

（二）按包装的层次分类

按层次分类，包装可分为内包装和外包装。其中，内包装也称小包装，通常采用纸、塑料袋、纸盒等材料制成，通常以件或套为单位，其明显部位通常注明厂名、品号、货号、规格、色别、数量、等级及生产日期等信息，对于外销产品或部分内销产品，有时还注明纤维原料名称、纱线线密度及混纺比例、产品使用说明等信息。

外包装也称大包装，通常采用纸箱、木箱等材料制成，包装外侧通常印刷有产品的商标标志，包括厂名（或国名）、品名、货号（或合同号）、箱号、色别、等级、数量、重量（毛重、净重）、体积（长、宽、高）、出厂日期和产品所执行标准的代号、编号、标准名称等信息。

七、服装包装策略

由于包装在服装产品市场营销中的地位日渐提高，为体现品牌特色、提高产品销量，不同企业有目的、有计划地对服装包装的策略进行了研究。

（一）一致性包装策略

一致性包装策略也称类似包装策略，即服装品牌将其所生产的各种产品，在包装方面采用相同的包装图案、相同的色彩、相同的外形、同样的质感。共同的特征使消费者易于辨认产品属于同一品牌，有助于提高企业声誉，为新产品打开销路创造条件。

（二）多样化包装策略

多样化包装策略指的是企业依据各种产品的特点，配以独特的包装，采用不同的风格、不同的色调和不同的材料，适用于组合关联性小或种类差异大的产品。

（三）配套包装策略

配套包装策略指的是服装品牌依据人们生活消费的习惯，在营销时把不同种类的服装配套一起包装、一起销售，便于消费者购买使用，如西服往往搭配领带、皮夹和皮带等联合包装等。

（四）等级包装策略

等级包装策略指的是对同一商品采用不同等级的包装，以适应具有不同购买力或有不同购买目的的消费者，如同样的领带采用实用的普通包装或是精致的礼盒包装，以适应不同的消费场景。

（五）改变包装策略

改变包装策略指的是在不改变产品质量的前提下，通过改变包装来促进产品销售。

第二节　我国服装包装方式

目前，我国服装包装方式主要有折叠包装、吊挂包装和真空包装，不同的服装包装方式有着不同的特点和针对性，本节将对其展开介绍。

一、折叠包装

折叠包装是指将服装产品按一定的外形要求和规格要求进行折叠后，装入塑胶袋或包装纸盒内的一种包装方法，也是目前我国服装包装中常见的一种包装方式。采用折叠包装方式时，需将服装的衣领、前肩、口袋、前胸及袖口等主要服装部位直观地显示在包装盒可见位置，同时，为了固定包装外形避免松脱，在恰当的位置要使用大头针、胶夹、领撑和垫衬纸板等包装材料。此外，在对服装进行折叠时，还要考虑长宽比例的协调，通常选用1：1.3的长宽比例。在实际操作过程中，为了加快折叠工艺的速度，确保折叠规格的统一性，可以使用叠衣板进行辅助包装，如图8-4所示，有条件的企业也会使用气动摺衫台或自动叠衣机来提高折叠效率。

折叠包装的优点是可以通过减小服装产品的面积，增加服装产品的储存数量；其缺点在于服装易起皱褶，产品立体感欠佳，不适用于高档服装的包装。

图8-4 叠衣板

资料来源：https://baike.baidu.com/item/%E5%8F%A0%E8%A1%A3%E6%9D%BF/9650382。

二、吊挂包装

吊挂包装也称为立体包装，是指在服装的肩、领部位套上衣架，并在服装外面套上塑料包装袋，然后再将衣服吊挂在包装箱内的方法。吊挂包装的特点是便于人们直观看到服装产品前、后样式的全貌，包装时多使用成衣立体包装机设备进行操作。目前，在外贸服装物流中，挂装运输已经成为一种趋势，较多地应用于高档服装出口的集装箱运输。除运输外，服装仓储领域也产生了服装吊挂系统，服装的吊挂包装方式应用逐渐广泛。

吊挂包装的优点是可以较好地保持服装在整烫后的平整外观及立体造型，使服装外形整体性更强，从而达到提高服装产品价值的目的；其缺点在于对包装材料耗费过多，搬运不便以及对储存空间的需求较大，限制了可装载的包装数量。

三、真空包装

服装的真空包装工艺于1970年问世，是指先把成品服装放入袋状包装物，然后用抽气机将袋内抽成真空后，再将袋口严密封闭的包装方式。抽气之后的包装袋体积只有未抽气前的1/5左右，明显地减少了服装包装的体积，能极大地节省储存空间，同时，也可以防止产品发生质变和产生皱褶，降低运输成本，适合于棉绒类等体积大的服装产品。

相比于其他方式，真空包装的主要优势有以下四点：一是可以减少成衣的装运体积；二是可以减少运输服装成品的装运重量；三是可以降低成衣的运输成本；四是在装运前和装运期间，可以防止服装受污损或产生异味。

第三节　我国服装包装流程及设备应用

服装包装工艺包括收发、整折、配包等不同流程，不同流程所进行的作业需要对应的服装包装相关设备进行辅助。随着我国服装包装企业与包装工艺的发展，服装包装设备整体呈现出自动化、模块化、高速化等发展趋势。

一、服装包装工艺流程

因服装类型的不同，服装包装涉及的具体工艺流程也有所差别，但核心流程主要包括收发、整折、配包、打包、缝包和堆包六个步骤。

（一）收发

服装收发首先需要熟悉和掌握各个服装产品的制式、用料规格、裁片大小部件的名称和每套服装的裁片数量等具体信息。其次，在服装收发过程中，需要对服装的品种、号码、数量进行清点，确认后由收发双方建立产品收发台账，相互签字为据。最后，打开包装检查，要查清有无缺少，查验辅料号次是否相符，如果有差错要及时与有关人员联系。

（二）整折

整折是指在拿到服装后，按服装规定尺寸和相关要求对服装进行合理折叠，如小部件要抹平、袖子要折平、领子左右要均等。在整折的过程中，如发现服装有瑕疵部位，需要进行返修。

（三）配包

配包是指按照规定的比例将服装整合在一起。在进行配包作业时，需要注意对每捆服装产品清点无误，确保配包后的服装产品与包外标识的产品名称相符、号次相符、数量相符。

（四）打包

打包是指根据不同的服装品种、号别、数量和技术规定，严格核对包装外面的标识与包装内部的实物是否相符。如果核实正确，则需按包型的尺寸，合理掌握压包体积，进行压包作业。

（五）缝包

在缝包时要注意包角要折叠规整，缝线不可缝住产品，在过绳道两端后要打结。

（六）堆包

堆包是指将服装产品按产品品类、号次分垛位堆放整齐，在堆包的过程中要注意轻拿、轻堆，保证包型不发生变动，而后即可等待发货。

二、服装包装相关设备

（一）自动折衣机

自动折衣机是一款通用型的折叠设备，具有自动放纸板、可调式自动衣领定形的功能，主要应用于服装的整折流程，可以实现服装的自动折叠，适合POLO衫、T恤、卫衣、夹克衫、针织衫、休闲衬衣、裤子等各类厚薄款服装。针对不同的服装品类，自动折衣机的折衣板和衣领定形可随时进行更换，自动折衣机具体样式如图8-5所示。

图8-5　自动折衣机

资料来源：http：//www.gd-hanyu.cn/show-24-2.html。

自动折衣机的优点在于占地面积小、性价比高，实现了服装自动折叠、多件服装自动叠加的连续化操作，提高了服装折叠的规范程度及折叠效率，大大降低了人工成本。

（二）装袋机

装袋机主要是针对已折叠的衬衫、内衣等服装成品进行包装作业。装袋机的操作简单、使用方便，包装后整体整齐美观。

（三）吊牌枪

吊牌枪主要用于将吊牌挂到产品的商标处。目前，在市场上销售的服装通常挂有标明厂商、商标、规格、条码等资料的吊牌或备用扣袋，这都是采用了吊牌枪辅助完成作业。针对不同类型的吊牌附件，还可使用相应的吊牌针及吊牌枪针进行作业。吊牌枪如图8-6所示。

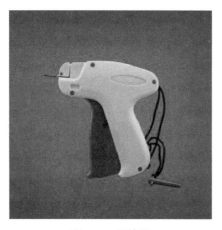

图8-6　吊牌枪

资料来源：https：//yuexiu.1688.com/offer/1226690369.html。

（四）服装真空包装机

服装真空包装机是真空包装机的一种，主要用于各类服装的真空压缩包装，能够起到压缩服装体积、减少运输成本的作用。服装真空包装机如图8-7所示。

图8-7　服装真空包装机

资料来源：https：//www.foodjx.com/tech_news/detail/381628.html。

服装真空包装机的工作原理是通过将包装袋内的空气抽走或抽净，尽可能地减少包装体积，并通过热熔封口技术对包装进行密封，防止发生回弹。目前，市场现有的真空包装机主要包括内抽式真空包装机和外抽式真空包装机两种。内抽式真空包装机是通过使用真空泵将真空室抽成真空后，立即自动封口；外抽式真空包装机则是通过将气嘴伸到包装袋中，将包装袋内空气抽走。内抽式的优势在于抽真空速度快、对包装袋无较高要求，缺点在于对服装的尺寸有限制，操控性相对单一；外抽式的优势在于操作可控性高，可以对大尺寸的服装进行包装，缺点在于需要一定的操作技巧。

（五）服装立体包装机

服装立体包装机分为半自动和全自动两大类。半自动服装立体包装机可以通过将服装连同衣架挂到机械吊轴上，人工按下操作按钮后，塑料袋自上而下将服装套入，并自动热封、切割，塑料袋的长度可任意调节；全自动服装立体包装机操作简单，只需将服装成品挂上运输带，而后系统便可将服装运送到包装机，自动套入塑料袋，封口后送出，适用于衬衣、风雨衣、西服、西裤及各种挂式时装的包装。服装立体包装机如图8-8所示。

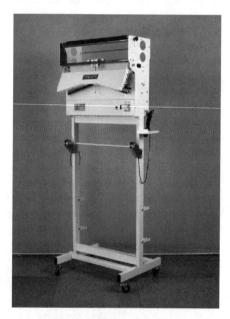

图8-8　服装立体包装机

资料来源：https://detail.1688.com/offer/520873000265.html。

三、服装包装设备发展趋势

随着科技的不断进步和发展，服装包装设备的自动化程度也越来越高，并逐渐向着模块化、创新化、高速化、低耗能、环保化发展。但由于我国的服装包装设备产业起步较晚，与国外同类产品仍存在较大的差距，还具有较大的发展空间，主要体现在以下四个方面：一是服装包装设备的通用性进一步提高，使设备能够对多种服装产品进行包装；二是服装包装设备的自动化水平进一步提高，提高了设备运行效率；三是设备参数调整和设置的便捷性将进一步提高，以便满足不同品种、不同尺寸的服装包装；四是主要模块组合的多样性和灵活性将进一步提高，可以对主要部件进行相关独立的结构设计，以满足不同的服装包装设备。

第四节　我国服装绿色包装发展情况

现如今，我国服装生产量位居世界第一，如此大量的服装产品所需的包装材料量也非常大。随着绿色发展、"双碳"目标的提出，服装生产者在选择包装时除了考虑成本与设计问题，也逐渐对环保问题加以考虑。

一、服装绿色包装内涵

服装绿色包装具有五方面的内涵：一是服装包装减量化，指的是使服装包装在满足保护、方便、销售等功能的前提下，尽可能做到包装用量最少化；二是包装应易于重复利用或易于回收再生，指的是通过利用包装生产再生制品、焚烧包装后利用其产生的热能等措施，达到对包装再利用的目的；三是包装塑料废弃物可以降解腐化，指的是废弃塑料物不会形成永久垃圾，而是可通过降解腐化实现改良土壤的目的；四是包装应对人体和生物无毒无害；五是服装包装制品从原材料采集、材料加工、产品制造、产品使用、废弃物回收再生，直到其最终处理加工的生命全过程中均不应对人体及环境造成危害。

二、服装绿色包装设计原则

服装绿色包装在进行设计的过程中对于材料的选择应遵循以下六个原则：一是使用轻量化、薄型化、易分离、高性能的包装材料；二是使用可回收和可再生的包装材料；三是使用可食性包装材料；四是使用可降解的包装材料；五是尽量利用由自然资源开发的天然生态包装材料；六是尽量选用纸包装。

要真正达到绿色包装的标准，除按照以上原则选择服装材料，还需要依靠能减少污染、降低消耗、治理污染或改善生态的包装技术，涉及包装设计中的设备、工艺、能源及采用的技术等要素。

服装绿色包装设计的技术要素包括以下几点：一是整个服装包装过程中涉及的生产工艺和生产过程对环境无污染，加工设备和所用的能源要有益于环保，不产生有损环境的气体、液体、光、热、味道等；二是增强可拆卸式包装设计的研究，以便消费者能轻易按照环保要求拆卸包装；三是加强绿色助剂、绿色油墨的研制开发。

三、服装包装绿色化实现途径

（一）使用绿色选材

1. 使用可降解材料

目前，市场上大部分的服装包装的材料均为塑料包装，不易降解，对环境影响较大，国际上荷兰和意大利等国已立法规定某些塑料服装包装材料必须采用可降解塑料，对环境有害的服装包装不得投放市场。如今，国际上已经有可降解的新型材料并逐渐流行，此种材料能够在废弃后自行分解并消失，不对环境产生污染。美国研究出一种以淀粉和合成纤维为原材料的塑料袋，可在大自然中分解成水和二氧化碳，从而实现保护环境的目的。

2. 使用纸包装

纸包装的主要成分是天然植物纤维素，使用后可再次回收利用，其废弃物在自然环境中可以自行分解，对环境没有不利影响。因此，纸、纸板以及纸制品是国际公认的绿色产品，符合环境保护的要求。

3. 使用竹制包装

竹制包装是指利用竹材料制作成竹胶板箱、丝捆竹板箱等包装，该种包装具有无毒、无污染、易回收等特点。虽然我国木材较为缺乏，但我国竹林总面积与竹类资源储备量分别居世界第一位和第二位，具有充足的制作包装的原材料。除环保因素以外，竹制包装还具有浓郁的传统文化气息，受到欧美及日本等地区的青睐，已经具备一定的收藏价值。

（二）环保服装包装设计

在服装包装设计方面，设计者需要充分对有关环保服装包装的法规、消费者环保消费观念的深度、绿色组织活动、环保服装包装发展趋势等内容进行充分调查，以便在设计时充分考虑到这些因素。因此，在设计构思阶段，就将降低能耗、易于拆卸、可再生利用、保护生态环境，以及保证产品的性能、质量和成本的要求列入设计指标，保证在生产过程中能够有效实现绿色环保。

（三）服装包装回收利用

随着服装电商市场的快速发展，消费者对品质的需求逐渐提高，服装退货率也有所提高，导致了电商服装的包装浪费现象较线下消费更加明显。针对这种现象，可以采用重新回收所卖服装产品包装的方式对包装进行回收利用，既能节约企业成本，又能实现让消费者爱护产品包装，达到促进包装重新利用的目的。

第九章 我国服装退货物流发展情况

退货物流在服装物流中占比较大，因此其发展情况对服装行业有着重要影响。本章对我国服装退货物流的发展情况进行了简要概述。

第一节 我国服装退货物流概述

国际上对退货物流的定义采用了美国物流管理协会的表述，即退货物流是指对从消费终端到最初生产领域过程中的物料、半成品、产成品以及相关的资金流、信息流进行的一系列计划、执行、控制等活动来提高资源利用率、降低成本的过程。

退货物流可以有效缓解经济发展带来的严重环境压力，在我国有限的环境承载力和资源拥有量下，发展退货物流势在必行。此外，随着可持续发展战略和环保意识认知程度的提高，循环经济在越来越多的领域得到政策性支持，退货物流也更多地被提上企业议程。退货物流和正向物流分别代表了两种截然不同的出发点，正向物流集中致力于从企业产品投产到输送给客户的各个环节中挖掘利润，而退货物流则是为了减少循环经济中资金的流失。为实现物流全过程降本增效，退货物流应与正向物流得到企业同等的重视。

服装行业的退货物流过程中存在许多不确定性因素，并且有些因素很难精确预测，如对环境影响力的评价、对企业形象影响的评价等，都具有一定的模糊性。并且由于服装行业的特点，退货物流在服装物流中，相较于其他行业占比较大。因此，服装行业应更加重视退货物流的研究与实践。

一、发展服装退货物流的必要性

退货物流是货物由终端回收到再利用的过程，其流程包括运输、仓储、包装、搬运与配送等环节。服装行业中退货物流产生于供应链的末端，主要包括消费者和分销商渠道的退换货商品。由于退换货往往具有难以预测的特点，给退货物流的高效运作带来了很多问题。因此，服装行业的退货物流具有明显的需求不确定性、供需关系失衡性以及成本和定价的非标准性等特征。

（一）服装退货的需求

服装产品具有生命周期变化快、消费者需求多样化、季节及地域不同而导致商品需求不同等特点。目前，我国服装企业存在着积压产品较多和顾客满意度较低的问题，由此产生了退货物流的需求。服装企业收回商品的原因通常有三种：一是顾客因对服装的号码、花色、样式、品质等不满意而退回。二是由于商品进入生命周期的衰退期，企业对消费者需求的预测不够准确，销售季过后，剩余的服装在供应链成员间自下而上地逐层退回。三是因订单处理有误或未准时交货而导致的服装产品退货。

（二）回收渠道畅通的需求

退货物流的对象主要是因消费者或零售商退货而回收的服装产品。在退货回收的服装到达回收中心后，企业需要对回收服装进行相应的检查处理。回收的服装往往数量较大、批号繁多。因此，在这种退货数量大且复杂的情况下，能否将产品快速反馈到目的地是一个十分重要的问题，企业需要控制回收服装的时间、地点、数量，并确保回收渠道的畅通，以便快速将退回的服装输送到目的地，以维护消费者的切身利益和保持服装企业可信赖的形象。建立一个畅通的回收渠道需要生产商、中间商及消费者的紧密合作。

（三）迅速"集散"产品，应对突发事件

纺织品服装产业集群的"集聚"与"集市"特点在市场营销中越来越突出，"集聚"与"集市"效应在我国纺织品服装市场和经济发展中也日益发挥着重要作用，而这些都与现代物流中心、配送中心及物流园区的建立和科学管理密不可分。物流对纺织品服装"集"与"散"的作用也越加显现，已成为市场高效组织纺织品服装"集"与"散"的强大支撑。在突发事件中，纺织品服装、医药品与食品共同构成基本的"三大救灾物资"。现代物流具有健全的管理体系和完备的配送设施，能够提供快速高效的物资"集"与"散"服务，是应对突发事件的重要保障。

二、发展服装退货物流的重要性

（一）客户价值

相比传统的交易场景，线上交易最大的特点便是"人货分离"。具体指的是线上交易在成交之前，客户和商品始终处于"分离"的状态，从未有过接触。这样的特性导致客户在对商品没有进行充分了解的情况下便与商家达成了交易。因此，当客户收到商品后，发现商品不符合心意的情况就会相对较多。

线上退货在线上交易的整体流程中，不仅仅是"补漏洞"，而且是整个交易过程中不可或缺的一环，如果缺少这个环节，客户就会对交易没有安全感，从而犹豫，直接影响交易的转化，进而影响最终成交量。而成交量是线上交易最核心的指标。

风险厌恶是投资者对投资风险反感的态度。一般来说，投资者普遍不愿承担风险，而客户在消费行为中也有类似的情况，客户都希望自己的消费行为是买到了自己喜欢并且性价比高的商品，不希望自己在消费中蒙受损失。当客户面临消费过程中潜在的质量风险、需求匹配风险、性价比风险时，退货物流的存在会降低潜在风险对消费者购买决策的影响。退货物流作为消费风险的售后保障，能够克服消费者的顾虑，为消费者的想象和期望买单，促进交易的达成，提升服装产品的购买率。

零售行业正在经历一场新的变革，零售商们更加注重消费者的消费体验，为了能更好地贴合消费者的消费需求，需要以消费者为中心，推动纺织品服装业的全新发展。退货物流体系打造了消费者与上游生产制造商之间沟通的桥梁。从退货物流回收的角度来看，退换货产生于客户的个性化需求，良好的退货物流体系建设能够大大提升退换货效率，提高客户满意度和客户忠诚度。退换货物品的再次分销、打折销售等也能够给客户营造良好的品牌形象。从消费需求数据的角度讲，退货物流能够打破消费者与上游生产商之间的沟通壁垒，使服装业的上游企业能够及时获知消费者的多元化、个性化需求，从而实现产品的个性化设计与小批量生产。获悉消费需求的基础来自退货物流带来的巨大数据资源。服装企业只有以消费需求数据为"新能源"，进行服装行业的赋能升级，才能充分把握消费趋势。

（二）经济价值

在服装行业中，有许多需要退换货的产品、库存积压产品、生产制造产生的残余废料等，这些服装业退换货资源能够依托退货物流进行二次销售，从而产生重要的经济价值。对退回服装的回收利用提高了资源的利用率，也赋予了退货物流经济性意义。建设畅通的退货物流体系，能够实现对退回产品低成本、高效率的回收利用，从而在一定程度上提升服装企业的资金利用效率，推动服装产业链的价值升级；同时，也能够减少整个服装产业的资源消耗，推进行业的可持续发展。此外，发展退货物流能够使服装业借助数据进行退回产品分析、消费需求预测等，减少过度生产和不良生产，从而使产品更加贴合市场需求，提高企业的经营绩效。

（三）社会价值

保护环境是我国的一项基本国策，我国正大力推进经济与生态环境的协调可持续发展。而退货物流的社会价值体现在能够辅助资源进行重复利用，减少资源浪费。服装的退货物流可以有效提高可回收衣物的再利用率，减少废旧衣物被随意丢弃导致的环境污染和资源浪费。积极响应国家生态文明建设、保障我国经济可持续发展是每个公民应尽的责任，服装企业更应持续推进退货物流发展，响应国家号召。

对整个社会而言，服装业的退货物流体系能够促进社会生态平衡发展。一方面，服装业的原材料来自生态系统资源，资源的重复利用能够减少对服装业原材料的消耗，发展退货物流是维持生态平衡的一种重要方式；另一方面，从服装业的生产制造所产生的环境污染角度看，退货物流也是实现节能减排的重要途径。此外，在国家推进制造业升级的战略背景下，服装业的退货物流建设也能够提升企业的社会声誉和企业形象，有利于企业的健康发展。

第二节　服装退货物流类型

服装退货物流的形成原因包含多个方面，例如由于终端消费者不满意形成的退货需求，由零售商、企业内部以及供应链各环节导致的退货物流等。本节将通过服装退货物流的不同成因，对服装退货物流的类型进行简要概述。

一、由客户需求导致的退货

为了在市场竞争中占有一席之地，大多数电商服装平台都支持"七天无理由退货"，而一些线下的服装零售商也开始推行"不满意就退货"政策。由于服装的款式、尺寸类型繁多，而线上购买存在的尺寸误差、色差问题和线下消费者喜好的改变，都容易使消费者产生退货需求。

二、来自零售商的退货

网上的服装店铺在处理完客户的售后需求后，都会要求客户为店铺的售后服务作出评价，这是由于零售商的售后服务水平是店铺竞争力的重要部分，售后服务水平高的零售商往往能够吸引更多顾客，从而保证自身的长远发展。因此，为了提升售后服务水平和商誉，维持客户的忠诚度，一些零售商往往对客户的退货需求不做限制，只要客户提出退货要求，无论是何种退货理由，商家都会同意退货。这就导致了一些消费者凭借商家对退货的零限制，抱着"买来试试"的心态下单，最终因对商品不满意而退货。如果零售商能够对客户的退货要求做出限制，例如只能在商品存在质量缺陷时退货，或要求有退货倾向的客户在购买商品时支付运费险等，就能避免部分不必要退货物流的产生。

除此之外，当线下实体店某类型商品在本地区销售不佳时，零售门店之间会通过串货，即某一门店向其他门店提供不同款式货物的方式，提高商品的曝光度，从而促进客户消费。而串货带来的货物流动，也属于退货物流。

三、企业内部原因形成的退货

企业内部的管理不善以及技术问题，可能会产生产品质量问题；产品包装完好但内部配件缺少；人工输入订单时由于失误造成的产品种类或数量错误；产品缺陷和品质问题等，这些因素都可能导致退货。此外，由于产品的包装或者洗护说明设计上的不足，使产品未发挥应有的作用，导致客户在拆卸产品包装时出现问题，或者因洗护或保存方式不当损毁衣物而形成退货。

四、供应链各环节产生的退货

物流供应链管理要求供应链上各个节点的企业相互信任、协同工作，但由于一些意外因素，依旧不能避免生产或运送延迟的情况发生，而这种延迟会影响产品的最终交付期，部分对货物有时效性要求的客户会因此提出退货。其他供应链中出现的失误，如产品在装卸、运输过程中被损坏；产品在运输过程中被盗；订单处理失误或包装失误；同一订单错误地重复送货等，这些因素都会造成退货，形成退货物流。

第三节　我国服装退货物流发展现状

服装退货物流一直是行业痛点，退货物流效率对商品周转非常关键。本节将对服装退货物流的关键环节、特点以及主要技术进行简要概述。

一、服装退货物流的关键环节

由于服装经营具有季节性强、地域性强、需求变化多样、更新周期快等特点，我国服装企业通常存在库存积压较多和客户满意率较低的问题。从退货物流角度探讨解决服装企业的库存积压问题，对我国服装企业发展有重要意义。

（一）服装产品回收

从最终消费者、零售商或供应商那里回收的退回服装是退货物流的源头。这个环节主要管理回收产品的地点、时间和数量。设计合理的产品回收处置方式是降低回收成本的关键。

（二）分类、检验与处理

一般回收中心收到的退货产品数量大、品种多样、状态杂乱、批号繁多，首先需要对其进行分拣，将货物按照品牌、批号、材质、状态等进行分类；其次由专业人员对退货产品进行检验，确定产品的后续处理方式，例如是继续分解制作还是重新包装等。

（三）服装再分销

再分销是指将经过再制造得到的新产品（恢复价值的产品）以及无质量问题的退回产品运往消费市场进行再次销售的过程。可以将新产品的分销和再处理产品的分销进行整合，利用传统的分销网络销售再处理的产品。

收运、检测或分类、再处理、再分销是退货物流网络一般应该具备的四项功能，再分销作为退货物流网络的功能之一，能够实现产品从废旧品市场到再利用市场的转移。再分销包括销售、运输和储存等环节。为了提高运输装载率，可以将收运与再分销功能进行整合。

（四）服装再制造

由于服装产品的特性与其他产品不同，无法拆解零件进行组装或者维修，因此与制造业的制造流程不同，服装产品的再制造过程就是对回收的品牌服装进行归类，可以进行折价销售的服装按正向物流运送给分销商、批发商、零售商，有损坏的不能进行折价销售的服装则返厂进行重新设计、生产。

二、服装退货物流的特点

（一）不确定性

退货物流可能产生于闭环供应链的各个环节，无论是供应商、分销商、零售商，还是最终的消费者，都会有废旧的产品或物料产生，且并无特定规律。因此，退货物流产生的物资数量、物资质量、物资种类或型号、产生时间、产生地点、产生方式等都是不可预见的。并且，企业将废弃物资重新加工制造并投入二级市场所带来的销量也是无法预测的。这些都导致了退货物流的不确定性。

（二）复杂性

由于退货物流过程中产生的物资种类、产生时间和产生地点都各不相同，所以企业只能把来自不同个人或组织的废旧物资先集中收集在各个物流节点上，再对混杂的各类物资进行检验、筛选、分类、包装及运输。因此，退货物流过程较为复杂、烦琐。此外，退货物流的分散性及消费者对退货、产品召回等回收政策的滥用，导致企业很难控制产品的回收时间与空间。回收的产品在进入退货物流系统时往往难以划分，因为不同种类、不同状况的废旧物资常常是混在一起的。当回收产品经过检查、分类后，退货物流的复杂性会随着废旧物资的筛选而逐渐降低。

（三）周期长

一个单位形成的退货物流往往数量少、种类多，因此只有在经过不断汇集之后才能形成较大规模的流动。废旧物资在产生后也不能立即满足人们的消费需求，即不能直接流入二级市场，而是需要重新运输至最初的制造场所，在经过加工、改制等环节，或者作为原材料回收再利用之后，才能再次流入消费市场。退货物流的集聚性和再处理所需要的时间及繁杂的程序，都决定了退货物流的长周期特性。

（四）分散性

退货物流产生的地点、时间、质量和数量是难以预见的。废旧物资可能产生于生产领域、流通领域或消费领域，可能涉及任何部门、任何个人。另外，退货物流产生的原因通常与产品的质量或数量的异常有关，因此退货物流往往具有分散性。

三、服装退货物流主要技术发展与应用

（一）RFID

RFID能够记录服装颜色、款式、尺寸、价格、退换货状态等基本信息和其他细节数据，具有写入信息量高、安全性高、使用寿命长、不怕污渍等优点。RFID是实现服装智能分拣的基础，利用RFID识别货物效率高、错误率极低。此外RFID配合后台的仓储管理软件可以促使仓储管理更加精准科学。

在工厂、配送中心、零售店铺的出入库和盘库管理中，利用RFID的非可视性阅读、多标签同时识读特性，超高频RFID读写器可实现一次性准确读取数十件附加了RFID电子标签的服饰的整箱商品，极大地提高了物流效率，能够帮助企业快速准确地实现采购控制、多库协同作业、仓库收发盘作业、先入先出、缺货报警、滞销品统计、销售统计、断码分析、商品调拨、退换货控制等管理。

（二）运输管理系统（TMS）

TMS主要适用于运输公司、运输队等，包括订单管理、配载作业、调度分配、行车管理、车辆管理、人员管理、系统管理等模块。物流TMS基于供应链网络设计，是专业型精益、智能运输管理工具，通过对运输任务的接收、调度、状态跟踪等过程来确定任务的执行状态，对作业各环节进行系统指导和智能优化，有效提高作业精准度，降低装车和运输错误率，同时降低企业对作业人员的依赖和人工成本。物流TMS能够通过为货主、承运人、司机和用户提供手机软件或微信公众号，实现运输过程全程互联互通，实现全流程实时化派送协同，做到从派送源头到收货结束全过程透明可见。

（三）服装退货物流应用实例——荣庆物流

"TES"是"Technology、Engineering、System & Solution"（技术、工程、系统与解决方案）首字母的缩写。荣庆物流通过TES战略为服装客户提供退货全链条智慧物流服务解决方案，包括机器人作业技术、无人机网络和包装优化工程、可视化监控系统等。

荣庆物流通过使用合适的设备快速处理，能够加速退回产品的二次上架销售。通过自动化仓储服务的应用，仓库已经实现了分拣自动化、装卸自动化、包装自动化以及拣货自动化，并广泛应用于北京、上海、广州、太仓等城市的仓库中。其中基于柔性生产系统的自动化分拣装置使得分拣效率提高了35%、分拣成本降低了23%，装卸伸缩带、智能包装方案、机器人拣货等智能仓储服务方案均较大幅度地提高了作业效率，降低了作业成本。

此外，荣庆物流还通过网络优化构建了完善的配送供应链网络，满足了客户的个性化配送需求，保障了退货物流的良好畅通。其退货物流主要存在于仓库到门店之间的退换货以及仓库与仓库之间的调货，形成了由前置仓和终端客户—区域仓—退货仓之间的退货体系。

为提高鞋服类退货效率，荣庆物流成功研发了新一代机器人智能分拣技术。其退货模式由手动退货模式发展为半自动退货模式，即DAS（Digital Assorting System，播种式电子标签分拣系统），到如今由机器人和AGV组成的全自动退货模式，其退货效率由初始的1000件/小时增长到5500件/小时，实现了退货物流效率的飞升。

第四节　我国服装退货物流发展存在的问题

当前，尽管退货物流的概念已经被服装行业了解并逐渐予以重视，退货物流的控制和管理方法也已经开始得到研究，但服装行业在退货物流管理和控制方面还是存在很多的问题，对退货物流的认识也存在着较大的误区。

一、回收难度大且周期长

由于我国服装退货物流缺乏统一的管理制度，因此对于服装企业而言，管理退货物流难度较大。而且，回收的废旧衣料需要重新运输至制造点进行再次生产加工，在重新投入二级市场销售前，需要经过较长的周期，整个退货物流过程进度缓慢、耗时较长。另外，回收至服装企业的产品并非都有利用价值，因此企业在回收产品时无法保证其重新利用率，需要将产品再回收后进行筛选和分拣，这增加了退货物流的耗时长度和回收难度。

二、缺少统一的法律规定及行业规范

目前，我国针对退货物流管理的相关法律法规尚未形成体系，整个服装行业也没有形成统一的退货物流回收标准，因而加大了退货物流的回收难度，同时服装企业也会承担更多的退货物流管理成本，给企业的运营管理带来了巨大的压力。

在退货物流管理方面，许多服装企业内部缺乏明晰的管理制度，认为退回来的服装已经失去了再创造价值的可能性，并且如果对回收产品进行处理，还会产生额外的退货处理成本，因此企业对退回的产品该如何处理的问题并不重视。多数企业选择采取粗放的管理模式，没有设立专门的退货管理部门对退回的服装进行及时处理与最大限度的回收利用，退货管理也未列入绝大多数生产商的议事日程。通常退货问题只是交给信用部门、财务部门或其他专业的第三方公司来管理。特别是在C2C的服装商品传递过程中，由于单个个体的经济承受能力有限，所产生的退货物流的费用很难单纯地划归于某个个体，并且现在也没有一个合理而且明确的制度来专门区分消费者与企业双方在退货物流中各自承担的职责。

三、服装厂商对退货管理的重视程度不高

退货产生的原因有很多，但无论是来自消费者、零售商还是供应链环节的退货物流，都普遍存在于服装企业的经营活动中，并且涉及采购、配送、仓储、生产、营销、财务等多个部门。所以在回收过程中，退货物流需要进行大量的协调、安排、处置、管理和货物跟踪等相关工作，以实现对资源价值的再创造。然而，由于退货流程的复杂性，许多服装厂商都认为没有必要在退货物流的管理上浪费大量的人力、财力和物力，所以在当前的服装市场，服装企业的退货物流常常被忽略或简化，甚至被视为多余的环节。

四、退货作业标准化水平较低

由于各个服装厂商的主营服装类型不同，作业量也有较大差异，且退货物流涉及厂家商业机密，往往由商家自己经营，而非寻求第三方物流服务，因此各服装门店和后方仓配中心的退货环节和操作流程一般具有较大差异，市场上也未形成相应的作业标准。退货物流往往作业标准化程度较低，操作流程较为复杂，导致退回货物有时不能得到及时有效的处理，影响商品的二次销售效率。

五、不同带货渠道退货率差异大

伴随着媒体技术的成熟，众多企业除了在电商平台上线产品，也纷纷通过应用软件、微信小程序等，以视频直播、音频直播、图文直播或多种直播相结合等形式开展产品营销。相比于其他线上电商带货模式，由于直播带货的过程中，主播往往只介绍商品的优缺点，客户了解信息不完全、购物体验不完善，再加上客户的冲动消费，往往导致直播带货的退货率更高。除此之外，由于直播带货的商家没有足够的生产资金和技术，难以保证商品的品质，直播购物中商品的质量往往不太稳定，尤其是一些小商家的商品。因此，消费者在收到商品后发现存在质量问题，就会选择退货。为了降低退货率，直播平台需要采取提供更加完善的商品信息和购物体验、加强商家的审核力度、完善退货政策等措施。同时，消费者也需要提高自身的消费理性和知情权保护意识，以减少退货的可能性。

第五节　服装退货物流管理方法

对企业而言，有效的退货物流管理策略和方法能够提高退货物流的效率、降低物流成本，进一步减少由于退货物流的复杂、缺少规制导致的难以管理的情况。本节从企业的角度出发，对退货物流的管理策略和方法进行简要概述和分析。

一、起点管理

起点管理是指从源头上控制并减少客户的退货量。在进行起点控制时，首先，必须保证信息对称，即一方面商家必须保证消费者在购买商品前就理解企业的退货政策，包括退货期限、何种情况下可以退货、通过何种方式在何时可以实现退货，从源头上降低退货量，维护商家的信誉；另一方面，商家必须为消费者提供完整、有效的商品信息。网上购物的弊端在于实物与图片存在偏差。因此，在线商家除了提供真实可靠的图片，也要提供尽可能详细和准确的信息，以避免偏差过大造成的退货。其次，要尽可能保证消费者的权益，这些政策包括以下三点：第一，允许客户及时取消订单，这主要是针对客户由于购物冲动导致购买后又后悔的情况；第二，确保及时和准确配送，主要是避免因为货物的配送不及时和配送错误，包括目的地错误、商品错误等导致的退货；第三，要尽可能减少自己的损失，例如制定更加合理、严谨的退货条件。

二、流程管理

退货的流程管理主要是针对退货处理流程，目的在于缩短退货的处理周期、增加其再售的机会，提高效率。流程管理主要体现在退货处理的标准化和自动化层面。管理学认为，标准化是提高效率的有效手段，对于退货处理，商家必须要有详尽的可操作性标准，这个标准必须渗透到退货流程的各个环节，这样可以减少处理人员在面临复杂决策时的时间成本，同时也提高了处理人员处理退货的能力。

三、后续管理

成功处理一次退货后，并不意味着退货管理的结束，应该将可持续发展的思想渗透到退货管理。退货管理的目的不是成功处理退货，而是避免同类退货再次发生。因此，详细的退货管理记录和退货数据就显得尤为重要，便于在退货结束后对退货信息进行统计分析，以避免相同情况的退货再次发生。对退货信息的统计分析包括横向比较和纵向比较两个方面，横向比较是与传统的销售渠道比较，纵向比较是针对历史记录进行分析，目的在于发现规律和问题，以有效地预测退货的高发期，合理安排退货处理人员和库存量。

四、服装企业的退货物流管理策略

（一）提高企业对退货物流的重视程度

如今服装行业的竞争越来越激烈，退货物流的潜在价值越来越不容忽视，巨大的经济价值已经逐渐浮出水面。如何进一步降低成本、提高利润是每一个服装企业在寻求生存和发展的过程中无时无刻不在考虑的问题。退货物流中蕴含着巨大的商机，谁能最先把握这个机会，谁就将成为服装行业中的领先者。客户的购买力是企业的利润源，打好退货物流这张牌，必将帮助企业在进一步发展中迈出重要一步。因此，每一个服装企业都应该认真严肃地对待退货物流管理，只有对退货物流加以重视，投入一定的人力和资金去研发退货物流领域的相关技术，才能有新的收获。

（二）建立高效的退货系统

高效退货对服装企业的发展有重要意义。一个服装企业要想拥有稳定的客户群和较低的运营成本，在激烈的市场竞争中处于优势地位，就必须拥有一个高效的退货系统。一般而言，服装企业可以通过以下两条途径来提高退货管理的效率、降低退货管理的成本，一是针对客户和上游企业分别制定退货政策；二是建立退货物流体系，对退回货物进行管理。

（三）加强退货中的合同管理

退货过程中的合同能够加快企业资金周转，并且能够合理限制客户的退货比例。但合同中的条款必须详细明确，以避免未来因为合同不明而产生纠纷。服装供应商可以和经销商订立相关的退货程序，并在退货时间、退货保护和退货装箱等方面作出规定。例如，在退货程序上，供应商可以要求经销商注明退货的品种、批号、数量，为装车清点及分拣提供参照标准；在退货装箱方面，供应商可以要求经销商不要混装，除非由于退货不满整箱而产生的拼箱。服装退货的种类繁多，而通过加强退货过程中的合同管理，可以最大限度地简化退货过程，降低退货人工成本。

（四）建立退货管理信息系统

退货管理信息系统的建立要求公司有足够的资金资源以及灵活柔性的设计，以便处理退货物流过程中的各种突发情况。退货物流软件在服装企业中并不常见，究其原因是服装企业对退货物流的重视程度不够，导致退货物流的软件开发不是IT部门的优先开发项目。因此，在退货物流软件产品缺乏的情况下，必须对退货产品的流程管理进行个性化的软件定制设计。对退货信息的归类和分别处理是退货管理信息系统的核心内容，它们将直接作用于追踪成本和退货过程的管理。高效的退货管理信息系统能够将退货原因以及最终的处置结果编订为相应代码，存储于系统之中，以实现对退货物流的实时跟踪和评估。

（五）集中退货中心

美国的一些大型连锁零售商为了提高退货处理效率，根据专门化和集约化的原则，仿照正向物流管理中的商品调配中心形式，采用逆向思维，累计在全美分区域设立了近百个规模不等的集中退货中心以集中处理退货业务，这成为退货物流管理的开始。集中退货中心既提高了退回产品的流通效率，又降低了退货物流耗费的成本，加速了返品资金的回收。通过建立服装集中退货中心，对退货进行分门别类管理，可以实现集中退货管理在服装行业的应用。集中退货中心可以根据退货原因对退回产品进行分类，并以此选择不同的处理方式，例如降价处理、再加工等。集中退货中心在减少服装生产制造商的工作量、降低退货成本的同时，也有利于收集掌握与退货相关的商业动态。

第十章　我国服装供应链发展情况

随着新一代服装产业的转型升级推动供应链快速发展，传统的供应链服务模式已经无法满足服装企业的发展需求和消费市场的快速变化，服装供应链的全渠道、绿色化和数字化发展步伐加快。

第一节　我国传统服装供应链变革

我国传统服装供应链渠道由长变短、市场进一步细分，服装行业对供应链的灵活度和差异化提出了更高的要求，从而推动服装供应链利用绿色化、数字化、智能化方式进行变革。

一、传统供应链面临的困局

（一）渠道由长变短，供应链灵活度要求更高

在我国经济发展初期，居民消费水平有限，鞋服生产仅为满足基本需求，供应模式以"本地工厂满足本地市场"为主。后期随着人口红利的进一步释放，逐渐形成了以江苏、浙江、广东、山东、福建为代表的服装产业生产代工集群，多分布在沿海地区。另外，随着国民可支配收入提高，潜在的服装购买需求被激发，服装市场形成一定规模。在需求市场的驱动下，工厂提高研发设计能力，从 OEM（Original Equipment Manufacturer，原始设备制造商）转型升级为 ODM（Original Design Manufacturer，原始设计制造商）。品牌商也逐步探索与工厂合作开发或者自主设计生产产品的新模式，初代品牌成型，对供应渠道的要求逐步提高。

服装行业的产品供应和销售渠道发生过多轮变化。早期，绝大多数服装企业不具备全国供货的能力，主要通过多级分销的模式送达消费者。后来，随着市场扩张，品牌主要采用加盟分销模式快速打开市场。但该模式由于货权多级转移，产销两端存在信息壁垒，容易导致库存积压。在此背景下，直营模式兴起。产品由品牌总仓直发门店，去掉多级中间商。这样服装企业不仅可以减少资源浪费，提高利润空间，还可以

通过直营门店直接掌握消费者信息，有助于预测消费市场，但对供应链灵活度提出了更高的要求。

（二）市场细分，供应链服务存在差异

随着消费水平的上升，消费者对于服装不同的功能、风格、性价比的要求越来越高，不同性别、职业、年龄段的消费者偏好存在明显差异，与此同时，电商的发展降低了服装企业的准入门槛，也为消费者提供了更多的选择，导致服装市场不断扩大又不断细化。

消费者的需求逐渐向个性化、碎片化方向发展，传统服装市场随着需求的变化进一步细分，不同品类的服装，生产工艺、产品差异、更迭周期、消费者偏好差别较大，细分市场竞争格局自然也不同。以女装为例，女装可以分为商务正装、高级时装、休闲服装等，也可以根据不同年龄段、不同身份的女性消费者再进一步细分。整体而言，女装的集中度较低，更迭周期短，需求不稳定，对供应链弹性要求更强。以本土快时尚品牌UR（URBAN REVIVO）为例，品牌从设计、打样、生产到门店上架，最快只需要7天。其中，由品牌商的物流中心直接分拣发货到门店，门店销售信息与品牌相通，对供应链反应能力及管控能力要求都很高。为了适应市场变化，企业要更加快速地迭代，要有更加丰富的SKU去把控市场，这无疑给供应链系统带来了更大的压力。

二、供应链发生变革

随着消费场景的不断丰富，消费需求个性化、高端化、多元化趋势明显，传统服装供应链需要向更高效、更灵活的方向变革。目前，大多数主流服装企业已经开始向数字化、智能化、全渠道方向发展，利用数字化、智能化技术和多渠道方式进行产业结构变革。

服装行业供应链数字化、智能化发展有助于打通供应链上下游各个节点（供应商、品牌商、仓库、门店、消费者），对人、货、场的关系进行重构，通过新技术来变革业务流程，驱动整个供应链业务流程向自动化、智能化方向转变，从而优化成本与效率，驱动业务增长。以鸿星尔克为例，鸿星尔克的长泰物流基地利用物流技术数字化变革实现仓储管理、订单配送等关键物流环节的全面升级。同时，鸿星尔克基于供应链全景和后端运营来搭建仓储网络的布局，打造完善的管理体系。

服装行业电商、新零售等商业模式的快速发展，使消费者接触到产品的渠道越来越便利、多样，因此，各大服装品牌商也开始拓展多元销售渠道，也就推动着供应链向全渠道发展，包括从全渠道考虑进行消费者需求分析、库存管理、订单管理以及配

送优化等。九牧王早在2014年正式启动O2O项目，逐步实现了线上线下业务融合，为实现融合互联网的全渠道营销与推广奠定了良好基础。

第二节　我国服装全渠道供应链发展情况

近年来，随着购物渠道多样化发展，服装全渠道零售模式逐渐成熟，全渠道"一盘货"成为全渠道供应链发展的重要环节。与此同时，各服装企业全渠道供应链信息系统也正在加快建设。

一、购物渠道多样化，全渠道零售模式逐步成熟

随着电子商务的爆炸式增长，全渠道概念出现，服装品牌可以通过多种渠道与消费者进行互动，包括网站、实体店、服务终端等。随着互联网、信息等技术的不断发展，移动媒体、短视频、电商直播等新模式进一步拉近了品牌与消费者的距离。这些渠道相互呼应，成为全方位的营销力量。微商城、直播等流量零售受到重视，社群与社交零售兴起并发展，全渠道零售模式逐步成熟。品牌商与消费者之间的触点不断增多。

以赢家时尚为例，赢家时尚主要渠道包括直营零售店、经销商和第三方电子商务平台，2020年收入分别占比82.35%、5.94%、11.50%。其中，直营渠道在赢家时尚业绩平稳持续增长中发挥支柱作用，截至2020年年底，1422家直营零售店共产生销售额近60亿元，直营零售店数量2020年比上年净增加165家，收入同比增长15%。2020年1月，赢家时尚正式上线EEKA商城小程序，小程序打通旗下各品牌会员，用户可以通过统一的会员系统在EEKA商城购买公司旗下所有品牌的产品。截至2020年年底，EEKA商城累计注册会员人数226万人，同比增长约16%，会员销售额占比同比提高5%，达到90%。除了打通会员，EEKA商城还能够助力品牌营销，同款同价同步上新，全面推进线上与线下渠道之间的融合，为线下赋能。

二、全渠道"一盘货"

我国的零售行业处于变革发展的关键时期，除了传统线下商超、百货、专卖店等渠道，线上互联网渠道不断拓展新的零售方式，如社交性销售和拼购模式、网红直播带货模式等。对很多品牌商而言，全渠道融合发展成为服装发展的必然趋势，使仓库成为渠道之间资源协调互补的重要一环。全渠道零售的革命在于"一盘货"的库存管理，用一个供应链的体系去支撑所有的渠道，甚至是应对前端营销场景的变化。

"一盘货"是多渠道零售兴起后出现的一个新概念。全渠道下，对应不同渠道而产

生的"多盘货"不仅占用大量库存，也会对商品周转效率产生影响，同时还会产生库存不均衡的现象。如在遇到重大节日促销时，容易出现某件商品在一个渠道早早卖断货，另一个渠道却积压了大量库存无法销售的情况；此外，还会出现同城订单无法由同城仓库配送的尴尬局面。而"一盘货"则是把企业所有渠道的商品库存全部放在一盘棋里进行布局，打通所有销售渠道，实现全渠道库存共享、统一调配，进行可视化运营。简而言之，"一盘货"可以实现用更少的库存、更快速的工业流程、更快速的物流供给满足市场的需求。

服装品牌商的线下销售渠道一般是厂家专卖直销和代理加盟销售。如今线下营销也不断出现创新模式，成为品牌商重要的促销手段之一，如快闪店等。服装品牌的线上销售除了自营官网、电商平台销售，近年也涌现了直播带货、微信小程序等全新线上销售模式和渠道，这对服装物流服务也产生了影响。以顺丰为例，近两年来，在全新流量媒体及电子商务的驱动下，顺丰供应链与服装领域的自有客户在供应链业务合作上取得高达20%～30%的增长。顺丰基于客户"全渠道库存共享、统一调配，可视化运营"设计实施顺丰供应链的"一盘货"服务。根据客户的业务布局和商业模式，在系统内设置最优的订单路由分配规则，把离消费者最近的商品，以最快的方式送到消费者手中。顺丰协助客户整合碎片化的销售渠道，融合更多元化的服务场景，以全链路数字化生态管理，优化供应链全局。

三、全渠道供应链信息化建设

在全渠道下，服装企业要从原先的只面对分销商，变为面对更多渠道。同时，仓储配送网络结构也在发生变化。传统渠道的物流模式一般是干线运输—区域调拨—末端配送。而全渠道要求的是线上线下的高度协同，通过充分的库存共享和快速的物流服务，不断提升客户满意度。这需要相应的业务体系支撑和强大的信息系统基础。

信息系统建设是全渠道模式下企业完成供应链整合的重要工作。而实现全渠道的关键就是通过企业信息系统的承载能力和库存信息的实时更新能力打通各个渠道之间的壁垒。相对于传统渠道，全渠道模式下的信息传递结构发生了巨大改变，除了建立上下游的信息共享机制，还要整合协调多个渠道的信息，无疑增加了信息协同的难度。

从国内服装企业的信息化建设情况来看，虽然大部分零售商都采用了多种信息系统，但各个业务流程中的"信息孤岛"仍然普遍存在，并未形成统一的库存整体视图。而造成这种情况的原因是，长期以来，多数企业信息化建设的动力都来自市场倒逼，缺乏长远规划，久而久之便形成了一种现象：企业在供应链上的各个环节都使用了信息系统，但这些系统相对独立，没有真正打通并实现所有环节的信息共享共用，导致各个业务流程也是相对独立运作的。

第三节　我国服装绿色供应链发展情况

绿色供应链对服装行业的发展具有重要意义，国家、地方、行业以及企业本身都对服装绿色供应链提出了要求。

一、服装绿色供应链发展的必要性

从政策角度来看，"十三五"期间，中国绿色制造从理念推广、前期研究和政策制定正式走向工程实施。绿色供应链将环境保护、资源节约和健康安全理念贯穿企业从产品设计到原材料采购、生产、运输、储存、销售、使用和报废处理的全过程，是绿色制造的重要内容和核心环节。根据全国标准信息公共服务平台发布的信息，现行绿色供应链相关标准共计26个。2017年，我国首项绿色供应链管理国家标准（GB/T 33635—2017）《绿色制造　制造企业绿色供应链管理　导则》正式发布，明确了制造企业绿色供应链管理范围、产品生命周期全过程、全产业链的绿色管理、环境信息管理及相关文件等基本要求。2020年11月，4项与"绿色供应链"执行相关的国家级标准共同发布，并于2021年3月正式实施。该批标准涉及信息化管理平台规范、评价规范、采购控制和物料清单要求四个方面，对制造企业绿色供应链管理要求进一步完善和细化。

随着国家对制造企业绿色供应链标准的进一步深化，服装行业绿色供应链相关行业和地方标准陆续发布。2020年纺织行业相比于其他行业最先发布了行业标准（FZ/T 07005—2020）《纺织行业绿色供应链管理企业评价指标体系》，2021年上海发布地方标准（DB31/T 1304—2021）《纺织产品绿色供应链管理与评价导则》，规定了纺织产品绿色供应链管理体系评价方法和指标体系。发展绿色供应链是国家、行业和地方发展的要求。

从消费者角度来看，近年来，消费个性化与绿色消费潮流不断高涨，已经对消费者的购买行为和消费偏好产生了越来越明显的影响，消费者对纺织服装产品的安全性、卫生指标要求日益提高，发展绿色可持续的供应链已经成为服装企业实现提高竞争力目标的重点方向。

二、服装供应链中存在的生态安全问题

（一）对水资源的影响

服装的生产过程会导致大量水资源的浪费。从服装原材料生产来看，以棉花为例，仅种植1千克的棉花就需要大约2万千克的水。服装在生产时也会浪费大量淡水资源，每吨染色的织物最少需要200吨的淡水。以牛仔裤为例，平均生产一件牛仔裤要使

用7000千克的水。与此同时，根据可持续发展联盟联合麦肯锡和可持续发展联盟的会员共同制作的报告，全球工业污水的20%由纺织行业产生。纺织行业一年就有约20吨的有毒废水排出，水里充斥各种有毒元素，包括硝酸盐、铜、砷、铅、镉、汞、镍等。这些元素对水里的生物甚至是河岸边的人们造成极大的健康危害，还会随着河流进入大海，并最终扩散到全球。在美国，每人每年平均扔掉81磅（约折合36.7千克）纺织品垃圾，相当于32条牛仔裤。这些面料大部分是塑料聚合物，导致每年约有50万吨塑料微纤维被倒入海洋，相当于500亿个塑料瓶。

（二）对土壤环境的影响

时尚行业产生的垃圾正在以惊人的速度快速增长。长期以来，智利一直是二手服装和滞销服装的集散中心，这些服装是由中国或孟加拉国制造，经过欧洲、亚洲或美国，然后抵达智利，最终在拉丁美洲各国出售。每年大约有59000吨服装抵达智利北部奥图・奥斯马西奥自由区伊基克港，被服装商人购买或走私到其他拉丁美洲国家。但至少有39000吨无法出售的服装最终作为垃圾被丢弃在阿塔卡马沙漠里，被丢弃的服装通常需要200年才能被生物降解，对土壤环境产生巨大危害。

（三）对空气污染的影响

在如今全球时尚产业不断蓬勃发展的年代，服装产业每天都会生产出数以万计的服装，服装在生产、制造和运输过程中所消耗的能源，导致了大量的温室气体产生。服装产业每年的碳排放量约占全球的10%，一项研究预测，如果仅有1%的服装通过空运而不是海运，这批货的碳排放量将增加35%。

三、服装绿色供应链要素

服装绿色供应链建设围绕产品的全生命周期展开，将环保意识融入供应链上下游的整体构造，包括绿色设计、绿色采购、绿色生产、绿色包装、绿色仓储与物流、绿色销售与售后服务、绿色回收与综合利用等要素，如表10-1所示。

表10-1　　　　　　　　　　　　　绿色供应链要素说明

绿色供应链要素	解释说明
绿色设计	企业在设计开发阶段系统地考虑原材料选用、生产、销售、使用、回收、处理等方面对资源、环境及人体健康的影响
绿色采购	企业在采购活动中，推广绿色低碳理念，充分考虑环境保护、资源节约、安全健康、循环低碳和回收促进，优先采购和使用节能、节水、节材等有利于环境保护的原材料、产品和服务的行为

续　表

绿色供应链要素	解释说明
绿色生产	企业在生产过程中，采用绿色工艺、技术和生产设备，减少环境污染，降低能源消耗
绿色包装	企业在包装产品全生命周期中，在满足包装功能要求的前提下，使用对人体健康和生态环境危害小、资源能源消耗少的包装
绿色仓储与物流	企业合理安排仓库管理，优化物流方案，选择环保运输方式，采用低能耗、低排放运输工具等
绿色销售与售后服务	企业制订绿色销售计划、搭建绿色销售通道，进行绿色产品促销和宣传，提供回收服务等
绿色回收与综合利用	企业对废弃的纺织产品，生产过程中产生的废品和废弃物，以及储存、运输和销售过程中损坏的纺织品等进行回收利用

　　当前，已经有多家服装企业围绕绿色供应链进行探索。如时尚奢侈品巨头开云集团（Kering Group）推出了一款环境损益追踪相关应用程序，可以追踪其供应链的碳排放、水消耗以及空气和水污染。2019年安踏在中国共与超过649家供应商开展合作，在海外与超过20家供应商开展合作，并引入ISO 26000社会责任指引至特定供应商的日常运营中，提高其对能源管理、材料回收及社会责任的理解及实践。同时，鼓励服装供应商获得蓝色标志标准（Bluesign）认证，如图10-1所示，以确保原材料的制作过程符合生态环保健康、安全规范标准。同时，安踏还将环保理念融入产品设计、生产、研发和制造的过程，截至2020年9月已推出环保纤维面料服装累计1600万件，无氟防水面料服装累计400万件，有机棉面料服装累计293万件。2019年第三季度，安踏推出"唤能科技"环保系列服装，该系列运用回收废弃塑料瓶制成再生涤纶面料，平均1件"唤能科技"服装回收使用11个550毫升废弃塑料瓶。鄂尔多斯1980品牌在2018年推出"大衣换小衣"服务，可以将成人羊绒衫改为儿童羊绒衫，延续羊绒衫的生命力。2019年秋季，鄂尔多斯推出善SHÀN系列，包含再生羊绒产品、牦牛绒产品、无染色羊绒产品、全成型针织衫等绿色产品。

图10-1　Bluesign标志

四、服装发展绿色供应链的障碍

服装行业长期成功的关键是不断推陈出新和引领潮流。随着整个行业对生态环境保护的意识增强，绿色环保已成为最新发展趋势，但在具体推广落实过程中仍面临巨大挑战。

（一）碳排放追踪困难

服装行业整体供应链结构较为分散，不同环节所处地理位置相隔较远，同时缺乏供应链数据采集的基础设施平台，导致环境数据和信息透明度不足。根据2020年时尚透明度指数的调研，虽然78%的品牌公司有能源和碳减排政策，但只有16%的品牌公司公布了供应链的年度碳足迹数据。大多数碳排放产生于供应链，而品牌公司无法监测和追踪这些数据，这就意味着即使它们想改善碳足迹，也不知道该从何处入手。

（二）技术发展成本较高

环保材料更新导致成本提高，新的纺织品、替代原材料和可持续的染色方法是科技创新的产物。例如，由木浆制成的超强吸水纤维天丝，为合成运动服提供了一个很好的替代品。天丝的生产商兰精集团（Lenzing Group）采用闭环生产流程和可持续的染色技术。但是，生产这些环保材料需要不断进行设备升级，导致成本提高，阻碍了创新性的环保材料产品被广泛接受。

第四节　我国服装数字化供应链发展情况

随着科技的发展，越来越多的新技术如云计算、大数据、物联网等被用来优化服装供应链采购、生产、仓储、配送、销售等环节，将人、货、场进行重构，连接生产与消费，打通供应链上下游，实现数字化供应链转型。

一、数字化供应端

研发设计是制约服装产业发展的关键环节，传统服装设计所采用的CAD工具，不仅设计周期长，展现不够直观，还面临设计信息与生产管理信息之间数据断层问题。与传统服装设计不同，数字化设计摆脱了二维设计模式，可以帮助设计师方便快捷地建立人体仿真模型，将二维设计想法转化为三维立体效果，既可以更好地表达设计创意，又能实现对微小细节的改进，提升设计精准度，缩短设计流程。凌迪科技打造了服装数字化设计处理软件Style3D系列产品，以高仿真的数字样衣进行产业链上下游信息的互通，打造完整的数字化工具链，串联起服装从面料研发、款式设计、营销再到生产，实现全链路的数字化，节省研发成本的同时提升协作效率，快速完成全球产业链协同生产。

近年来，随着原材料和人工成本不断上涨，服装行业的竞争越来越激烈，实现数字化转型升级，打通从面料到生产再到成品库的一系列物流环节成为物流企业寻求突破的主要方法。波司登在2019年开始积极面对数字化挑战，打造智能工厂并独立研发拥有自主知识产权的服装智能制造系统，搭建大数据中心，实现订单接收、自动排版、自动铺布、自动裁剪、自动充绒、半自动缝纫、自动吊挂的生产流程，工厂年吞吐量近2000万件，可跨行业对标、部件化生产、进行部分流程无人化作业，实现行业内仅有的"每日订单，每日补货"。在羽绒服短暂的旺季销售中，波司登将快速反应周期稳定在7～18天。2020年9月，阿里巴巴全球首个新制造平台"犀牛智造工厂"公开亮相投产。"犀牛智造工厂"聚焦服装制造，与淘宝、天猫供应线打通，需求者只需下单，工厂即可按照指令制造服装，可实现100件起订，7天交货。相较其他工厂，"犀牛智造工厂"能够缩短75%的交货时间，降低30%的库存，甚至减少50%的用水量。其生产车间应用了由浙江衣拿智能科技股份有限公司提供的智能吊挂系统，其生产数据可以被采集上传至云平台，为生产的合理规划、快速反应提供决策依据。

二、数字化管理端

渠道数字化，即围绕会员服务需求，通过对直营、加盟等渠道数字化重构，实现了全渠道商品、库存、会员打通，利用数字化技术赋能渠道。2020年年初，波司登与阿里云、奇点云合作建立数据中台，打通了全渠道数据，以数据赋能消费者研究、商品企划、渠道匹配等业务创新。

品牌数字化，即品牌运营过程及商品的数字化，运用数字化技术实现内容运营、用户运营、数字运营和产品运营，提升品牌影响力。数字化时代下，所有品牌都尝试在虚拟领域进行建设，以数字服装为例，数字服装具有直观、立体的特点，是使用计算机技术和3D软件构建的服装视觉展示，是数字技术与高级时装之间的相互呈现。目前数字服装的主要用途在于品牌宣传、提升线上消费体验及丰富社交方式，为实体销售引流，如巴黎世家与游戏《堡垒之夜》合作打造时尚皮肤、古驰（Gucci）的狄俄尼索斯（Dionysus）数字体验等。

三、数字化客户端

科技的发展颠覆了传统服装行业的制版模式，如今品牌以大数据精准圈选目标人群，提供更精准的消费者互动和服务，通过3D建模精准刻画目标消费群体的体型与偏好，进行具有针对性的服装产品开发，从而实现对消费者需求的快速洞察，提升产品研发的有效性和供应链的快速反应能力。虚拟现实技术能够让消费者实现在虚拟展厅观看样衣，通过VR技术链接某一展厅进行三维展示，远程的消费者能够真实且快速地看到产品情况。报喜鸟提供私享定制云平台服务，用户通过线下体验店、第三方工厂B2B平台400电话、天猫、京东、报喜鸟官方App或者微信平台下单，然后通过体验式量体来享受定制服务。2022年7月，衫数科技打造的服装数字化供应链标杆性项目依链服装数字化选品中心开启试营业，让消费者实现在选品中心随取随用样衣。设备完善的直播间全面开放，在选品中心完成组货推款、消费者线下看款、交易和履约。

四、数字化供应链平台

数字化供应链平台建设是对全价值链端到端的数字能力建设，其目标是要实现以销售订单为驱动的多款式、小批量、多批次的时尚行业敏捷供应链，实现智能化全渠道定制。搭建数字化供应链平台，实现底层物流作业数字化、网络化，对数据进行实时、准确的采集，通过运营管理系统互通，实现数据交互运用，并由客户自建数据中台，实现多承运商不同系统的数据汇集，最终实现利用大数据及算法模型对供应链科学布局、提升预测与计划的准确性、提高产销协同能力。

第十一章　我国鞋类物流发展情况

鞋类行业是服装行业的重要组成部分，消费者对于设计、质量等方面日益提高的要求给鞋类企业带来了更多的挑战和机遇。

第一节　我国鞋类行业发展现状

随着鞋服领域的快速发展，我国鞋类行业面临鞋类设计要求更高、鞋类市场进一步细分、销售渠道分工明显、高科技产品进入市场的现状。

一、鞋类设计要求更高

鞋类设计是进行成品鞋生产前的必要工序，随着消费的升级，消费者对时尚和外观以及品质的需求不断增加，对鞋类产品设计的要求也在不断上升。好的设计不仅是设计出吸引消费者眼球的外观，更是通过原材料、工艺的综合运用设计出高品质的产品。与此同时，随着近年来国货的崛起，国内越来越多的鞋类生产企业开始转型升级，从注重功能向注重设计转变。鞋类行业的国产设计与品质逐渐改变了消费者传统观念中对进口鞋的依赖以及对国产鞋的偏见。其中转型改变颇为明显的就是国产运动鞋领域。

除了一些大品牌走上了转型的道路，许多小众品牌及中小型鞋厂也开始将销售重点放在设计和性价比上，电商平台上平价好看的鞋类产品越来越多，但同时也涌现出"设计抄袭""品牌假冒""质量差"等问题，这也是鞋类行业发展带来的新挑战。

二、鞋类市场进一步细分

早期，我国的鞋类分为皮鞋、布鞋、胶鞋、塑料鞋（化学鞋），称为"四鞋"。随着社会的进步和科学技术的发展，人们对鞋的穿用要求越来越高，而"四鞋"在原材料、辅料、加工装配工艺、款式、功能上既相互渗透、互相借鉴、取长补短，又互相竞争和冲击，这促使鞋在造型款式、结构用料、功能等方面发生了日新月异的变化。随着消费者消费水平的提升、电商让消费者更容易对比各商家的鞋类商品，鞋类行业的竞争日益加强，鞋类市场进一步细分，带动鞋类产品品类逐年增加，分化出皮鞋、运动鞋、休闲鞋等多种品类。

1. 皮鞋市场

皮鞋主要是为了满足消费者上班需要。随着鞋类行业的发展，如今消费者更加重视皮鞋的款式设计。同时，随着市场进一步细分，皮鞋市场也会因性别有所区分，如男性对皮鞋设计的要求比较注重传统，女性比较注重潮流，而且人均拥有皮鞋数量一般多于男性。根据智研咨询报告，2021年，中国皮革鞋靴产量为35.2亿双，同比下跌0.5%。

2. 运动鞋市场

运动鞋按其功能主要分为大众运动鞋、专业训练鞋和专业运动鞋，需求较大的有篮球鞋、足球鞋、网球鞋和登山鞋等。随着人们对运动和健身活动的热情和意识逐渐上涨、《全民健身计划（2021—2025年）》等相关政策的大力推行，人们更加积极地参与各种运动和购买相关用品，其中运动鞋已经成为大众的主要消费项目之一。同时，随着运动鞋逐渐踏入"时尚圈"，消费者对运动鞋的需求已经不仅仅是满足舒适度，追求时尚也成为消费者购买运动鞋的理由之一。

3. 休闲鞋市场

休闲鞋是鞋类的一种，主要特色是以一种简单、舒适的设计理念，满足人们日常生活穿着的需求。休闲鞋的概念、内涵和功能便与这种新生活理想和方式紧密相关。休闲的概念在中国消费者生活中越来越重要，休闲鞋市场也在大幅增长。人们借助休闲鞋的造型、品牌及内涵去修饰装扮自己、展示自己，从中获得一种审美愉悦和象征性的精神满足。"时尚"与"舒适"是休闲鞋的两大卖点，消费群的年龄基本为18～45岁，以学生和上班白领为主，他们对品牌文化和个性化的要求都较高。2021年我国休闲鞋行业产量66.76亿双，超过疫情前水平，休闲鞋需求量增长至21.94亿双。

4. 童鞋市场

童鞋市场受惠于三孩政策，规模预计会不断扩大。根据智研瞻产业研究院报告，2021年，国内童鞋产量达38.2亿双，预计到2025年将增至48.2亿双。三大童鞋市场分别为儿童运动鞋（48.3%）、婴幼童鞋（15.5%）及儿童靴（8%）。产品的款式、品质、舒适度等因素，会直接影响消费者的购买决定。近年来，不少成人品牌涉足中国童鞋市场，如国内品牌李宁、安踏、361度、特步，以及海外品牌法国丽派朵（Repetto）等。除了拓展新的利润增长点，还能为品牌培养未来的消费者。同时，随着亲子装概念的兴起，将父母的穿着风格套用到子女身上成了一种趋势。因此，市场对参照成人款式设计和制造的童鞋需求不断上升。

5. 拖鞋市场

在鞋类潮流多元化以及城市休闲化的趋势下，拖鞋的设计也逐渐突破传统家居形象，以崭新的面貌呈现在消费者眼前。这些产品迎合城市人的时尚品位，尤其是标榜"非家居拖鞋"的休闲拖鞋和时尚拖鞋等，销量增长迅速。

6. 工作鞋市场

工作鞋可以分为水鞋、工地鞋、专业鞋履、护士鞋等，在产品设计上更加注重功能性和实用性，如餐厅厨工穿的水鞋必须防水防滑，工地鞋的鞋底必须具有一定厚度，从而保护工作人员在工地行走时不会因鞋子被钉子穿透而受伤。

三、销售渠道分工明显

随着电子商务的兴起，鞋类产品线上销售量大幅度提升，但由于顾客对鞋类舒适度的需求，线下销售仍旧维持一定比例，线上线下销售逐渐形成不同定位的市场分工。

线上主要针对价格低、消费频次高的"平价鞋"。随着电商的快速发展，从淘宝平台到抖音直播，越来越多的廉价好物涌入消费者的视野，消费者更趋向于通过电商购买价格低廉、款式好看的鞋类产品。而对于一些高端鞋或收藏品，由于电商销售无法让消费者直接接触产品，消费者更趋向于在实体店线下购买。同时，由于鞋类产品是依赖上脚体验的，其舒适度、贴合度只有在实体店才能得到体验，因此更注重购买效率的消费者也会选择前往线下实体店购买鞋子。因此，虽然线下门店不再是销售额的主力军，但其在高端鞋和品牌体验方面的作用仍不可小觑。

四、高科技产品进入市场

目前，在大数据、物联网、传感技术的发展带动下，智能运动鞋问世，运动鞋本身可以帮助监测个人的运动数据，包括肌肉疲劳程度等，高科技的加入为鞋业带来了全新的业绩增长点。随着中国本土市场的生产制造和消费升级变化，鞋类市场上各种品类的产品不断被细分，整体来看，鞋业市场科技含量将与日俱增，为鞋类产品发展带来了全新的发展方向。

第二节　我国鞋类行业发展特点

我国鞋类行业发展与服装行业整体发展特点相类似，同时也存在一定的不同点。从鞋类行业发展自身而言，其特点主要表现在品种繁多、生产流程复杂，生产企业呈现集群式发展和季节性特点不强、生命周期较长等。

一、品种繁多、生产流程复杂

鞋类产品根据不同的标准可以分为不同的种类，并且由于基本形态、品种、用途、制作方法、原材料的不同，各类商品又表现出不同的风格与特色。同时由于不同消费者对于鞋类产品舒适度、时尚度、美观度的要求不同，也决定了鞋类产品自身的复杂性。

鞋类产品生产流程复杂，涉及多个工序，以户外鞋或运动鞋为例，生产过程可以分为裁断、针车、组底、成型四大环节。裁断是指使用裁断机通过冲压斩刀将鞋子的各个部件进行下料。在裁断时要先将材料分层叠放备料，不同材料叠放的层数不同，真皮类只能单层裁断，合成革和网布一般四层裁断。裁断好的裁片还需要同时做质检、配色、配双及数量清点等工作，挑拣出裁片中的不良品。针车就是要将裁断好的鞋面各个部件，依次进行针车缝制成完整鞋面。先在裁断好的部件裁片上印刷标志点和标志线，然后针车手依次将鞋头、口门、挡泥片和后跟等部件进行缝合，为缝合好的鞋面进行接鞋舌、冲鞋眼、打鞋扣等处理工序。组底则是将鞋外底与鞋中底贴合在一起，中底一般采用的都是EVA（Ethylene-Vinyl Acetate Copolymer，乙烯-醋酸乙烯共聚物）材质，外底采用橡胶材质。首先，为了使底片与中底更好地粘着，将橡胶底片粘着面进行表面或者打粗处理，将中底进行水洗和光照处理。组底时，将橡胶底片和中底放在组底流水线上完成，分别经过刷处理剂和胶水，过烘箱加热干燥后进行贴合处理，再将贴合好的大底放到压力机上进行上下压合、周边和后包压合等处理。最后成型时要将缝合好的鞋面套入鞋楦中，经过拉帮、刷胶、贴底组合和冷定型等工序，完成成品鞋的制作。

二、生产企业呈现集群式发展

我国鞋类行业经过一定时间的快速发展和扩张之后，已经逐步建立较为完备、成熟的产业链，同时呈现集群式发展。目前我国已经形成四大制鞋产业集群式发展状态，一是以广州、东莞等地为代表的广东鞋业基地，主要生产中高档鞋；二是以温州、台州等地为代表的浙江鞋业基地，主要生产中档鞋；三是以成都、重庆为代表的西部鞋业基地，主要生产女鞋；四是以福建泉州、晋江等地为代表的鞋业生产基地，主要生产运动鞋。产业集群具有成熟的生产技术和相关的配套环节，能有效降低生产成本，提升盈利水平，从而达到增强企业整体竞争力的目的。这些主产区产业链完整，品牌优势突出，优秀人才聚集，信息传播快，抗风险能力强，成为中国制鞋产业的中流砥柱。但近几年随着国际贸易环境和国内经济政策的变化，沿海区域劳动力水平的提高，产业成本逐渐升高，迫使珠三角和长三角区域的制鞋产业进行深度调整，逐步开始向中国的西部和中部迁移。

三、季节性特点不强、生命周期较长

与衣服相比，鞋类商品对季节变化的适应性更强，在部分地域会出现一双鞋可以抵挡一年四季的时气变化的情况，对季节的敏感度较低。因此，与时装相比，鞋类商品的上新速度更慢，其库存周转周期更长，同时部分品牌还会设计推出一系列经典鞋类产品，这些经典款式不会随季节、流行趋势而变化，具有较长的生命周期。

第三节　我国鞋类物流发展现状

与普通消费品不同，鞋类商品种类繁多，且受品牌影响大，销售渠道模式也在发生变化，需要适应线上线下融合的多渠道发展，这些也对鞋类物流的运作提出了较高要求。

一、我国鞋类仓储发展情况

（一）鞋类仓库存放原则

鞋类产品一般一款有多种颜色、多个尺码，同时不同款式、品牌的鞋类会有不同的包装方式，既有盒装也有袋装，既有鞋也有饰品甚至专用赠品，这也为鞋类仓库带来大量的SKU，导致仓库管理困难。因此，鞋类仓库在储存时为了达到便于存取的目的，需要将鞋类产品按商品属性分类存放，遵循同款集中存放、男女款分开存放、分季节存放、分正次品存放、分包装等原则。

（二）鞋类自动化立体仓库

鞋类自动化立体仓库主要由以下五部分组成。

1. 鞋架

一般采用铝合金等金属型材搭建，具有重量轻、连接件标准化、适用性好等特点。由于鞋类包装盒较小，为提高空间利用率，会将货架划分为多层多列的存鞋位，如图11-1所示。

2. 搬运器

搬运器可采用X、Y、Z三维方向的同步带滑台，由伺服电机驱动，与鞋盒对接的机械装置由对接叉片和安装板组成，固定安装在滑台上。

3. 鞋盒

鞋盒为敞口塑料盒，边缘设有下卷边，搬运时对接提升叉片插入鞋盒下卷边，并贴近鞋盒端面，端起鞋盒移动。

图11-1　鞋类自动化立体仓库

资料来源：http://www.bluesky-fa.com/news/sfa/305197.html。

4. 编码识别系统

每个存鞋位配一个鞋盒，鞋盒编码与存鞋位编码相同，鞋盒底部安装有IC（Integrated Circuit，集成电路）芯片，存取鞋窗口安装有IC读取器，当鞋盒取送至存取鞋窗口时，系统能读取鞋盒编码。

5. 控制系统

控制系统由下位机控制系统和上位机控制系统组成，下位机即PLC（Programmable Logic Controller，可编程逻辑控制器），PLC存储伺服驱动程序，控制伺服电机和滑台完成走位动作；上位机即计算机系统，存储IC编码、原点位置、鞋位位置、存鞋数量等数据信息，通过MODBUS通信协议与下位机通信，指挥下位机完成搬运动作。

6. 人机界面

人机界面即上位机显示屏，采用触摸屏，可显示仓库储存信息、鞋盒编码、搬运器运行状态、控制系统状态信息等，可进行输入编码取鞋、临时存鞋等特定操作。

二、我国鞋类包装发展情况

鞋类包装不同于服装，主要可以分为有盒包装和无盒包装。根据材质和设计不同，鞋类包装呈现更多样的形式。

（一）鞋类包装概述

鞋类包装的定义就是用来包装各种鞋类的盒子或其他器具。其选材主要为非耐折纸板，如各种草纸板、刚性纸板以及食品用双面异色纸板、灰板等。内衬选用双胶纸、铜板纸、涂布白板纸或白色瓦楞纸、塑胶和海棉等；贴面材料选择面广，有铜板纸、仿革纸、植绒纸以及布、绢、革、箔等；贴面纸印刷方式可选择性强，平版印刷、丝网印刷、烫金印刷等组合使用或单独采用均可；盒角可以采用胶带、纸、布等进行固定。

在鞋盒表面加工方面，主要采取的工艺有彩色胶版印刷、丝网柔性印刷、水性印刷等，除此之外，还会进行覆膜、烫金、压纹、打孔等流程。随着制鞋业和鞋盒包装的发展，相关附属产品也逐渐兴起，如鞋用纸兜、塑料袋、鞋撑、鞋商标、包鞋布、鞋填充纸等。

在鞋盒外包装标注方面，鞋产品外包装上应标注制造厂名、产品名称、注册商标、鞋号、质量等级和相应的标准编号、颜色、数量、箱号、毛重、体积、装箱日期、储运标志等。

（二）鞋类包装结构

市面上很多鞋盒外包装都有一些独特之处，主要是体现在鞋盒的打开方式，一些商家往往愿意在鞋盒设计上花一些心思，从而达到促进销售的目的。如有些鞋盒很容易打开，还有一些鞋盒会不易打开，消费者打开鞋盒的过程就如同打开机关一般，也有一些商家会改变鞋盒传统的形态，比如将运动鞋的鞋盒设计成运动器械一样的形状，让消费者看到这款鞋盒马上就能联想到运动或者是奔跑，从而赋予产品更多的运动元素。

鞋类包装结构是鞋类设计的一部分，从原来的单调、简单发展到现在的款式多样、结构新颖、精美别致，甚至还有继续发展的趋势。这种发展不单单是包装材质的改变，其结构的变化也非常多样。

目前市场上最多的就是标准的长方体鞋盒，从结构设计上来说，它又有翻盖盒、天地盖盒、折叠盒等分类。近几年来，随着人们审美的变化和对环境保护认识的提升，采用纸质材质制成的折叠鞋盒开始在国内外流行起来。阿贝卡迪尼折叠奢侈品鞋盒如图11-2所示。

除此之外，常用鞋盒还包括天地盖盒。天地盖盒，即盒盖为天、盒体为地，天地分开，但合在一起时，就能形成一个封闭的空间。天地盖盒的结构虽然简单，但是在细节处还是有区分的。具体可以分为三种，第一种是一盖到底的天地盖盒；第二种是上盖高度小于底盖的天地盖盒；第三种是中间带围边的天地盖盒。虽说三种结构都属于天地盖盒，但是它们所营造的氛围和作用却是不尽相同的。

图11-2　阿贝卡迪尼折叠奢侈品鞋盒

资料来源：https：//www.ipackbynewstep.com/Article/xbzhcjghfk.html。

上摇盖式鞋盒是颇具代表性的鞋盒款式之一。上摇盖式鞋盒多采用牛皮纸或者瓦楞纸制成，一般被中低档鞋履品牌采用。上摇盖式鞋盒与翻盖式鞋盒类似，主要采取一体式设计，部分上摇盖式鞋盒的上盖有两片侧翼插入下盖固定。上摇盖式鞋盒如图11-3所示。

图11-3　上摇盖式鞋盒

资料来源：https：//www.ipackbynewstep.com/Article/xbzhcjghfk.html。

抽屉式鞋盒设计精致，采用抽拉式设计，方便打开内盒，抽屉式鞋盒是目前颇受消费者欢迎的鞋盒之一，可以放置其他物品，有收纳的功能。抽屉式鞋盒如图11-4所示。

除了鞋盒最基本的包装结构，考虑到鞋子本身的外形特征以及商家设计，使用三角形、六边形、圆形的鞋盒包装也有很多，这种包装会显得更加高档、独特。

图11-4　抽屉式鞋盒

资料来源：https://detail.1688.com/offer/591989413830.html。

匡威有一款趣味十足的鞋盒（见图11-5），该鞋盒采用了三角形的设计，可以作为装饰品使用，同时用5个鞋盒可以组成匡威的五星标识。

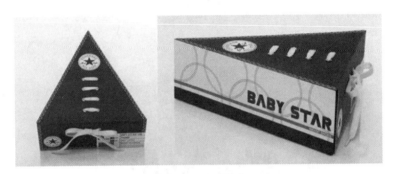

图11-5　匡威鞋盒

资料来源：https://zhuanlan.zhihu.com/p/32622980。

为了更加形象地将Nike Air Max气垫理念灌输给消费者，耐克专门设计打造了一款气囊鞋盒。该包装将Nike Air Max气垫跑步鞋封装在一个透明气囊中，消费者可以透过包装清晰地看到里面的Nike Air Max气垫跑步鞋，如图11-6所示。

（三）鞋类包装特色功用

随着时代的发展，鞋盒对于消费者而言早已不仅仅是承担美化及保护商品的作用，还可以将鞋盒改造成各种装饰品或者收纳盒，一物多用，延长鞋盒的使用寿命。例如，可以将鞋盒变鞋架等，如图11-7所示。希腊设计公司历时两年，研发了一款名为Viupax的鞋盒（见图11-8），希望改变人们销售和储存鞋子的方式。

图11-6　耐克鞋盒

资料来源：https：//zhuanlan.zhihu.com/p/32622980。

Viupax采用了将两只鞋以类似梯形的结构并排放置的设计，据悉这样的设计节约了20%～57%的纸板，体积上也比普通鞋盒小20%～50%。这样的设计不仅方便消费者更直观地查看鞋子的款式，同时还能通过两边的标签确认尺码等信息。值得一提的是，Viupax鞋盒还可以根据需要进行特殊涂装，在不依靠其他工具的情况下，变身成一个玩具。

图11-7　鞋盒改装鞋架

资料来源：https：//zhuanlan.zhihu.com/p/32622980。

图11-8　Viupax鞋盒

资料来源：https：//zhuanlan.zhihu.com/p/32622980。

（四）鞋类包装绿色化

随着环保绿色化的不断提出，各大鞋类企业也在提升商品附加值的同时，开始关注低碳、环保、可持续的包装设计。比如彪马推出可回收鞋盒，新鞋盒由95%以上的可回收材料制成，与最初的包装一样坚固，预计每年可节省约2800吨纸板。

耐克也开发了一种更为环保的鞋盒——One Box，这个盒子既是鞋盒也是快递盒。不同于耐克以往标志性的橙色鞋盒，One Box是外表没有标识的硬纸盒，与商品有关的信息都印在盒子的内侧，同时并没有在鞋盒内侧印刷不同颜色的图形，而只用白色墨水。

第四节　我国鞋类物流发展特点

一、物流管理复杂、难度大

由于鞋类自身SKU数量多、库存量大的特点，鞋类物流的操作难度明显大于其他行业。企业需要对采购物流、生产物流、成品物流、逆向物流等多环节进行有效管理，如原材料的采购、运输、仓储，成品的仓储、运输、配送，以及大量的退货产品处理等。同时，由于大多数鞋类企业一般自建仓库，因此部分鞋类企业还需要进行单品管理，涉及多频率、小批量物流运作，对鞋类拣选的精确度要求更高。

二、需满足多渠道发展

随着新零售业态的快速发展，鞋类企业纷纷扩展销售渠道，进行线上布局；与此同时，一大批电商鞋类企业也开始布局实体门店。实现线上线下融合的全渠道发展，成为鞋类行业的发展趋势，也使鞋类流通的模式变得复杂多样，包括多级经销模式、门店直营模式、线上销售模式、线上团购模式、线下奥莱模式、客户定制模式等。鞋类物流实现全渠道覆盖，意味着物流管理运作的复杂度和难度进一步加大，需要满足不同渠道的调货、仓储、配送等方面的要求。

三、退货物流作业量大

相对其他行业而言，鞋类行业的退货率更高，有许多鞋品是经过多轮销售才最终成功售出的。尤其随着电商的蓬勃发展，电商的渗透进一步提高了鞋类产品的销量，由于消费者还需要根据鞋类的合适度才能完成最后的购买行为，因此，通过电商渠道销售的鞋类的退货率和退货件数也随之上升，这进而使鞋类产品退货物流的处理压力激增。

第十二章 我国服装国际物流发展情况

我国是服装进出口大国，国际服装物流的发展对服装进出口贸易影响重大。本章从全球主要地区服装物流发展现状和我国服装进出口物流发展情况出发，对我国服装跨境电商的发展作出简要分析和展望。

第一节 全球主要地区服装物流发展现状

世界贸易组织数据显示，2001年全球服装出口额为1944亿美元，2020年受疫情影响，全球服装出口额为4490亿美元，2021年国际贸易有所恢复，全球服装出口额为5488.3亿美元。2001—2021年，全球服装出口额增长了1.82倍。2001—2021年全球服装出口额及其同比增速如图12-1和图12-2所示。

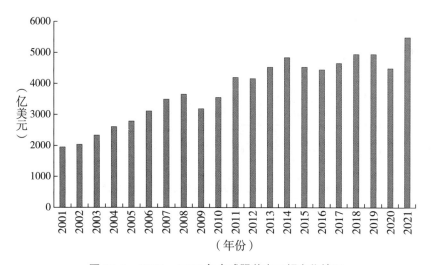

图12-1 2001—2021年全球服装出口额变化情况

资料来源：《2021—2022中国服装行业发展报告》。

2001年全球服装进口额为2003亿美元，2020年全球服装进口额为4894.301亿美元，20年间，全球服装进口额增长了1.44倍。2001—2020年全球服装进口额变化情况如图12-3所示。

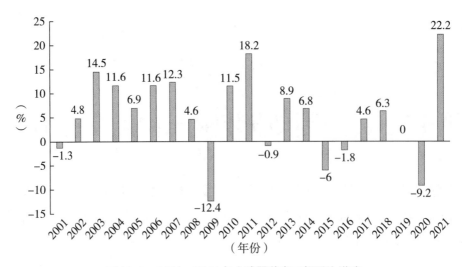

图12-2　2001—2021年全球服装出口额同比增速

资料来源：《2021—2022中国服装行业发展报告》。

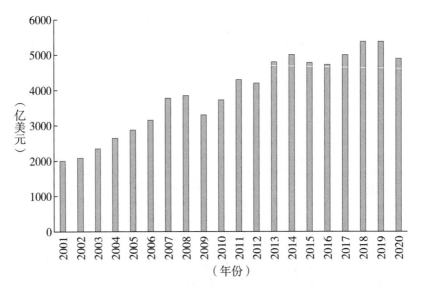

图12-3　2001—2020年全球服装进口额变化情况

资料来源：《2021—2022中国服装行业发展报告》。

2001—2021年，有7个国家始终保持全球服装出口前10的地位，分别为中国、意大利、德国、法国、土耳其、孟加拉国和印度。

2022年1—10月，国际主要市场中，美国、欧盟、日本、英国、加拿大、韩国、澳大利亚服装进口均实现增长，同比分别增长14.2%、17.2%、2%、16.8%、15.7%、19.7%和11%。欧元、日元兑美元大幅贬值，导致以美元计欧盟和日本服装进口增幅收窄。2022年1—10月，欧盟服装进口以欧元计增长32.9%，远高于以美元计17.2%的增幅。日本服装进口以美元计仅增长2%，但以日元计则大幅增长22.7%。

2022年，越南、孟加拉国等主要服装出口国产能迅速恢复并扩大，出口呈现快速增长态势。1—10月，全球主要市场自越南进口服装331.7亿美元，同比增长26.3%，美国、欧盟、日本、韩国自越南进口服装同比分别增长30.5%、24.8%、12.1%和19.1%。全球主要市场自孟加拉国进口服装392亿美元，同比大增41.1%，欧盟、美国、英国自孟加拉国进口服装同比分别增长41.9%、48.2%和53.4%。

2022年1—10月，越南、孟加拉国、印度尼西亚、印度在美国的市场份额同比分别增加2.1个、2个、1.1个和1.1个百分点，孟加拉国在欧盟市场份额同比增加3.7个百分点，越南在日本的市场份额增加1.4个百分点。

第二节　我国服装进口物流发展情况

我国服装进口贸易中纺织品服装的占比近年来逐渐增加，2017—2021年服装进口额逐年提高，2021年我国服装及衣着附件进口额达到120.17亿美元，同比2020年增长29.2%。2022年我国服装及衣着附件进口额为105.33亿美元，同比下降12.3%。2017—2022年我国服装及衣着附件进口额增长情况如图12-4所示。

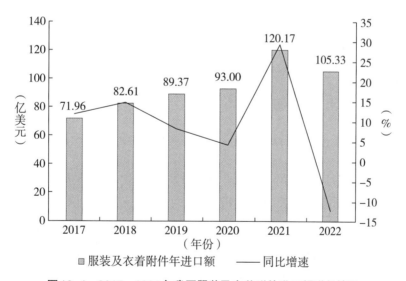

图12-4　2017—2022年我国服装及衣着附件进口额增长情况

资料来源：https://m.huaon.com/detail/871384.html。

随着我国服装消费市场的对外开放，我国服装进口从以高档时尚奢侈品牌为主，转向进口快时尚服装，我国从欧盟和东南亚等地区进口的服装规模持续扩大。"十三五"期间，我国服装进口额年均增速约为10%。2021年，我国自意大利和法国进口的高档服装产品同比增长61.8%和66.9%；自越南、印度尼西亚、泰国、日本和韩国等进口的服装同比增长均在20%左右。

纺织品进口方面，2021年纱线及织物进口需求增加，对我国纺织品服装的进口起主要带动作用。2021年全年，我国从全球进口纺织纱线80.7亿美元，共255万吨，进口金额、数量同比分别增长36.3%和11.6%。其中，从全球进口棉纱59.5亿美元（211.8万吨），进口金额及数量同比分别增长40.0%和11.4%。进口的棉纱产品中约45%来自越南，其他主要来源国还包括印度、巴基斯坦和乌兹别克斯坦等。2021年，我国自越南（进口棉纱27.2亿美元，94.8万吨）、印度（9.8亿美元，31.8万吨）和巴基斯坦（7.6亿美元，27.8万吨）进口棉纱金额同比分别增长34.2%、74.3%和40.8%。此外，2021年我国进口纺织织物38.6亿美元，同比增长16.7%；进口纺织制品37.9亿美元，同比下降16.1%。

第三节　我国服装出口物流发展情况

在国内外形势错综复杂，叠加2021年服装出口高基数的影响下，2022年服装出口仍保持一定增长，实属不易。疫情三年来，我国服装出口逆转了自2014年达到1862.8亿美元顶峰后逐年下滑的趋势，2022年出口规模比2019年累计增长近20%，充分体现了疫情暴发以来在全球供应链受到冲击、市场供需失衡的情况下，中国服装产业韧性大、潜力足、竞争力强的特点。

一、我国服装出口发展现状

（一）我国服装出口总体情况

2021年，受外需恢复和部分订单回流等利好因素影响，中国服装出口再次突破1700亿美元大关。据海关总署统计，2021年，我国服装及衣着附件出口1702.63亿美元，同比增长23.9%，如图12-5所示。但是受全球经济衰退以及通货膨胀的影响，服装出口下行压力仍旧存在。2022年，在国际市场需求恢复、成本上涨推高出口价格等因素的驱动下，我国服装出口规模在高基数的基础上继续保持小幅增长。根据海关总署的数据，2022年，我国累计完成服装及衣着附件出口1753.97亿美元，同比增长3.0%。

2022年，我国服装出口主要省区市中，浙江、广东、江苏、山东、福建前5大出口省份合计出口占全国总出口的71%，浙江、新疆服装出口逆势增长。浙江服装出口348.9亿美元，同比增长13.1%，远超全国出口平均增幅。新疆服装出口大幅增长

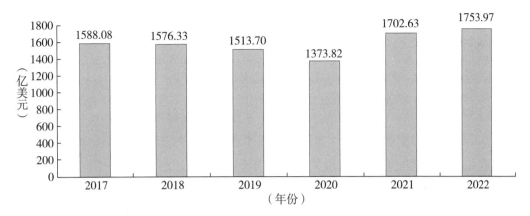

图12-5　2017—2022年累计完成服装及衣着附件出口情况

71.8%，超越上海居全国第6位。江西、湖南、广西等中西部地区出口增势迅猛，同比分别增长21.8%、37.5%、21.2%。

（二）我国服装各品类出口情况

2022年，中国针织、梭织服装出口均呈量减价增的走势。数据显示，2022年，中国针织服装出口额为785.6亿美元，同比增长4.4%；出口量为215亿件，同比下降2.3%；出口价格同比增长7%。中国梭织服装出口额为741.5亿美元，同比增长9.5%；出口量为128亿件，同比下降3.4%；出口价格同比增长13.3%。衣着附件出口额为166.3亿美元，同比增长12.5%。2022年我国服装各品类出口情况如图12-6所示。

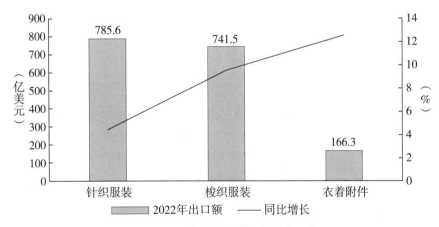

图12-6　2022年我国服装各品类出口情况

资料来源：中国服装协会。

与此同时，运动、户外、防寒类服装出口保持较快增长。数据显示，2022年，中国衬衫、大衣/防寒服、围巾/领带/手帕出口额同比分别增长26.2%、20.1%和22%；

运动服、连衣裙、T恤衫、毛衫、袜类、手套出口额同比增幅在10%左右；西服/便服套装、裤类、胸衣出口额同比增幅低于5%；内衣/睡衣和婴儿服装出口额同比分别微降2.6%和2.2%。

（三）我国服装各主要市场出口情况

2022年，我国服装对美国、日本出口额出现下降，对东盟出口额呈现大幅增长。数据显示，2022年，我国服装对美国出口383.2亿美元，同比下降3%；对日本出口146.2亿美元，同比下降0.3%；对欧盟出口333.3亿美元，同比增长3.1%；对东盟出口170.7亿美元，同比增长25%。2022年我国服装对美国、欧盟、日本三大传统出口市场出口额合计862.7亿美元，同比下降0.2%，占我国服装出口总额的49.2%，比2021年同期减少1.8个百分点。东盟市场显示出巨大发展潜力，在RCEP（《区域全面经济伙伴关系协定》）生效实施的利好作用下，我国服装对东盟出口额占出口总额的9.7%，比2021年同期增加1.7个百分点。2022年我国服装向各地区出口额如图12-7所示。

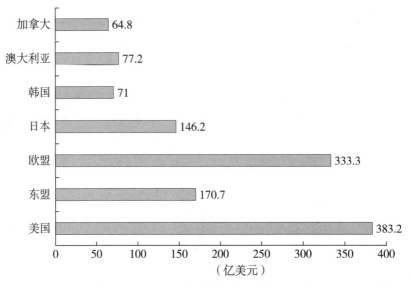

图12-7　2022年我国服装向各地区出口额

资料来源：http：//info.texnet.com.cn/detail-926005.html。

从主要出口区域市场看，2022年我国对拉丁美洲出口大幅增长17.6%，对非洲出口下降8.6%，对"一带一路"沿线国家出口增长13.4%，对RCEP成员国出口增长10.9%。

从主要单一国别市场来看，2022年我国对吉尔吉斯斯坦出口大增71%，对韩国和澳大利亚出口分别增长5%和15.2%，对英国、俄罗斯、加拿大出口分别下降12.5%、19.2%、16.1%。2022年我国服装对外出口主要地区的同比增速如图12-8所示。

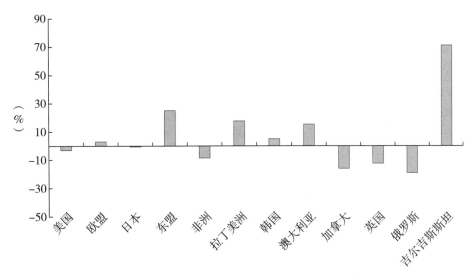

图12-8　2022年我国服装对外出口主要地区的同比增速

资料来源：http://info.texnet.com.cn/detail-926005.html。

2022年1—11月，中国服装占美国、欧盟、日本、英国、加拿大、韩国、澳大利亚服装进口市场份额分别为23.4%、30.5%、55.1%、26.9%、31.8%、33.1%、61.2%，其中在美国、欧盟、日本、加拿大的市场份额同比分别减少4.6个、0.6个、1.4个、4.1个百分点，在英国、韩国、澳大利亚的市场份额同比分别增加4.2个、0.2个、0.4个百分点。全球疫情反复给服装供应链的稳定带来极大的不确定性，疫情以来我国产能向海外转移的趋势有所放缓，中国作为世界纺织品服装产业链中心，具有强大的韧性和综合优势，起到了"定海神针"的作用。

二、我国服装出口趋势展望

（一）海外地区出口大幅放缓

2022年11月，美国自越南进口服装出现罕见下降，同比减少4.3%。同期，美国和欧盟从孟加拉国进口服装也分别下降9.8%和3.5%。继中国之后，国际市场需求下滑也波及成本相对较低的国家。2022年前三季度，中国对东盟出口面料同比增长22%，而10月增长为0，11月下降11%，从侧面预示，2023年第一季度东盟等海外地区的后续服装订单将进入下行通道。

（二）价格对出口金额的拉动作用将进一步弱化

2022年12月，中国出口集装箱运价平均指数为1358.63，较1月最高点下降61.3%，极大地缓解了运费成本压力，预计2023年运价将进一步向疫情前水平回归。

2022年年底，棉花价格同比下降35.5%，棉纱价格同比下降19.6%，涤纶长丝和短纤价格同比在±3%内波动。随着中国经济基本面的好转和国内消费的启动，预计2023年原材料价格将止跌反弹。

2022年，人民币兑美元汇率累计贬值8.32%，创1994年以来最大年度跌幅。新的一年，人民币汇率有望步入升值通道，这将对出口竞争力和利润产生负面影响。

（三）产业转移趋势明显，需加快转型升级

目前海外供应链无论在产能规模、产品结构还是产业链完整程度上，短期内暂无法对中国形成根本性挑战。周边国家对中国生产的纺织原材料尤其是化纤产品依赖程度较高。越南、孟加拉国等国60%以上的纺织原材料是从中国进口的。应充分把握周边国家对我国依存度仍然较高的时机，利用RCEP机遇，合理布局产业和贸易，加快转型升级，尽可能避免产业转移过快带来的负面影响。

（四）我国服装出口行业仍具有较强内生竞争力

2023年，外部环境更加复杂严峻，不确定不稳定因素增多，外需不足成为突出挑战，历史高基数影响继续显现，服装外贸运行将进一步承压。同时也应看到，经过几十年的发展，我国在全球纺织服装供应链中已具备明显竞争优势：一是中国拥有完备的纺织服装产业链和高效的供应链；二是中国具有软硬件综合优势，一定程度上抵消了劳动力成本劣势；三是中国外贸新业态发展动能足，跨境电商等新业态对快速反应和柔性生产要求较高，而东南亚国家的产能集中在大批量、基本款产品，目前还难以承担"小快灵"的贸易模式；四是RCEP的实施，有助于中国和东盟这两个全球纺织服装生产中心进一步整合，实现RCEP区域内大循环，完成从"RCEP制造"到"RCEP消费"再到"RCEP品牌"的发展和飞跃；五是中国的超大单一市场规模为行业产能和发展空间提供了源源不断的发展动力。

综上，中国在亚洲供应链中仍处于核心地位。今后，中国一方面要力促高附加值产品的国际市场份额稳中有升；另一方面也要避免中低端产品的国际份额快速下滑，在保持出口规模基本稳定的基础上，加快行业转型升级，挖掘贸易创新增长点，提升综合竞争力，实现服装外贸出口的高质量发展。

参考文献

[1] 中国服装协会. 2022年1—12月中国服装行业经济运行简报 [EB/OL].（2023-02-15）[2023-03-11]. https://mp.weixin.qq.com/s/Au2tJ1YK33bSxGS8AYM-Mg.

[2] 中国服装协会. 2021—2022中国服装行业发展报告 [M]. 北京：中国纺织出版社有限公司，2022.

[3] 吴菁芃. 吴菁芃：北美服装物流技术分析报告 [EB/OL].（2020-08-17）[2022-11-05]. https://www.163.com/dy/article/FK7PU46M0514DCU1.html.

[4] 刘欣. 积极构筑我国纺织行业"双循环"发展新格局 [EB/OL].（2021-08-02）[2022-11-07]. http://www.cnga.org.cn/html/fxyj/hytx/2021/0802/53491.html.

[5] 中国纺织国际产能合作企业联盟. 出口快讯 | 10月全国纺织品服装出口继续承压 [EB/OL].（2022-11-07）[2022-11-19]. https://mp.weixin.qq.com/s/K4Q2cL8T5mfjcsCBBOM3TA.

[6] 张国成. 重磅！2022年中国及31省市服装行业政策汇总及解读（全）品牌化发展是主旋律 [EB/OL].（2021-12-11）[2022-11-07]. https://www.qianzhan.com/analyst/detail/220/211210-faa24a59.html.

[7] 中商产业研究院. 2022年上半年我国网络购物用户规模达9.04亿 占网民整体80.0%（图）[EB/OL].（2022-11-18）[2023-03-18]. https://m.askci.com/news/chanye/20221118/0906562026633.shtml.

[8] 艾媒咨询. 艾媒咨询 | 2022—2023年中国服饰行业发展与消费趋势调查分析报告 [EB/OL].（2022-06-22）[2022-11-18]. https://baijiahao.baidu.com/s?id=1736303908400744087&wfr=spider&for=pc.

[9] 王春梅. 浅析我国纺织服装行业电子商务发展 [J]. 纺织导报，2018（7）：81-82.

[10] 中商产业研究院. 2022年中国直播电商企业大数据分析：浙江省企业数量最多（图）[EB/OL].（2022-10-11）[2023-03-19]. https://m.askci.com/news/chanye/20221011/1652291993170.shtml.

[11] 浙江省纺织印染助剂行业协会. "双11"退货率高达45%。所有退回的物品都有库存！纺织商：明年的订单会减少！[EB/OL].（2022-11-22）[2023-03-22].https://

mp.weixin.qq.com/s/q4uSZHs3dtZAlGJIG6bL4A.

[12] 李波.促销高峰期服装物流应对策略 [EB/OL].（2021-01-15）[2022-12-15]. https://zhuanlan.zhihu.com/p/344441065.

[13] 智研咨询.2021年中国服装行业发展现状及未来十大发展趋势分析 [EB/OL]. （2022-03-06）[2022-10-24]. https://baijiahao.baidu.com/s?id=1726514923116646907&wfr= spider&for=pc.

[14] 谭志强，郑建科，温洪宪，等.服装物流发展创新模式研究 [J]. 物流技术， 2018，37（2）：30-33.

[15] 智能制造研究院.服装供应链之物流智能化变革 [EB/OL].（2021-07-14） [2022-10-24]. https://news.sewworld.com/detail-99844.html.

[16] 孙悦.我国服装企业物流配送模式研究及启示 [J]. 市场周刊（理论研究），2016 （11）：31-32.

[17] 寇明霞.现代服装行业物流发展模式研究 [J]. 鞋类工艺与设计，2022，2（4）： 16-18.

[18] 张广良.我国物流标准化存在的问题与措施研究 [J]. 中国市场，2007（36）： 80-81.

[19] 张东亮.国内现代服装行业物流发展模式研究 [EB/OL].（2009-11-13）[2022- 10-24]. https://cio.it168.com/a2009/1113/808/000000808913.shtml.

[20] 胡潇潇.安徽省服装物流发展现状 问题及对策 [J].物流工程与管理，2013，35 （7）：35-37.

[21] 赵皎云.行业变革下的服装物流运营优化 [J].物流技术与应用，2019，24（7）： 98-100.

[22] 商浩鑫.中小型服装企业物流仓储管理案例优化探析 [J]. 浙江纺织服装职业技术学院学报，2013，12（1）：83-87.

[23] 尹军琪.物流配送中心的拣选技术与策略分析 [J]. 物流技术与应用，2021，26 （10）：116-119.

[24] 张威.服装行业拆零拣选方案的对比分析 [J].物流技术与应用，2020，25（7）： 120-123.

[25] 尹军琪.【物流】尹军琪：物流中心拆零拣选技术 [EB/OL].（2019-10-28） [2022-10-20]. https://www.sohu.com/a/349997571_757817.

[26] 史小玲，陈德良.浅谈服装企业的仓储管理系统规划 [J].科技信息,2010（12）： 360.

[27] 殷浩.服装服饰物流中心的发展挑战 [J].物流技术与应用，2017，22（10）：

132-135.

[28] 吴丽华.服装零售供应配送中的若干问题研究 [D].杭州：浙江理工大学，2010.

[29] 韩丽娟.城市物流共同配送模式研究 [D].武汉：武汉理工大学，2013.

[30] 任芳.森马电商：以"全国总仓+前置分仓"支撑业务高速发展——访浙江森马电子商务有限公司物流总监胡宏峰 [J].物流技术与应用，2018，23（2）：92-95.

[31] 刘大为，赵卫平.服装生产与经营管理 [M].广州：华南理工大学出版社，2013.

[32] 赵伟.从环保的角度分析中国服装包装发展现状与趋势 [J].国际纺织导报，2010，38（1）：78-80，82.

[33] 曹亚克.基于市场需求的纺织服装业逆向物流价值研究 [J].物流技术，2013，32（1）：4-6.

[34] 陈皓琪.纺织服装业逆向物流价值分析及其发展建议 [J].纺织报告，2018（5）：36-38.

[35] 张璨璨.服装业逆向物流的现状及对策分析 [J].商场现代化，2019（10）：55-56.

[36] 李冉.服装企业退货管理的逆向物流分析 [J].物流科技，2011，34（9）：86-88.

[37] 吴蓉.【深度】服装物流破局之路：供应链变革 [EB/OL].（2022-07-14）[2022-11-25].https://mp.weixin.qq.com/s/H-2GREdT4C8NLYWHIddeNg.

[38] 王君泽.Style3D凌迪科技：推进服装设计生产全链路数字化，搭建数字时尚产业的基础设施 [EB/OL].（2022-07-18）[2022-11-19].https://mp.weixin.qq.com/s/lfTxckdwR-494Rp--xZ8_Q.

[39] 葛雯斐.云翼互联 报喜鸟工业4.0探索与实践 [J].信息化建设，2016（10）：40-41.

[40] 管小红.2021年中国纺织服装行业进出口情况：进口规模持续扩大，出口市场份额不断提高［图］[EB/OL].（2022-05-27）[2022-11-27]. https://www.chyxx.com/industry/1110205.html.

[41] 刘杰.2022年中国纺织品服装出口稳增 2023年有望内外联动发展 [EB/OL].（2023-01-31）[2023-01-31].https://mp.weixin.qq.com/s/YUdrw7q2fPJftQF1uw8W6w.